上图 / 1955年，朱森元在莫斯科留学时与德国留学生讨论问题

下图 / 1977年11月16日，“中国通信卫星技术”赴欧考察团与SEP公司总裁及工作人员合影（前排右三为朱森元）

上图 / 1985年12月，在长征三号火箭发射前，氢氧火箭发动机试验队队员们与西昌卫星发射中心佟副司令员合影（前排右二为朱森元）

下图 / 1988年7月18日，朱森元（前排左二）等中方代表团成员和洛克达因公司接待人员合影

上图 / 1990年7月，朱森元在代顿航展上参观美国GE公司展出的最先进的吸气式航空发动机

下图 / 1991年5月，朱森元（右一）等在莫斯科与俄罗斯“能源号”科研生产联合体RD-120火箭发动机设计人员合影

上图 / 2001年6月，朱森元（前排中）参加在亦庄召开的“50吨级氢氧发动机工程研制评估会”
下图 / 2004年，朱森元参加“技术科学论坛第十二次学术报告会”

上图 / 2005年5月10日，朱森元（前排右三）参加十一所办公室党支部在西柏坡开展的组织生活会

下图 / 2006年，朱森元院士（右二）与任新民院士（右一）、龙乐豪院士（右三）等在发动机试车现场

上图 / 2009年，朱森元院士（左）与张贵田院士（右）在发动机评审会上亲切交谈

下图 / 2010年，朱森元院士（前排左四）与十一所（京）领导和青年职工座谈

上图 / 2011年，在中国工程院院士候选人遴选会上，朱森元院士（右）与孙家栋院士（左）亲切交谈

下图 / 2011年，朱森元院士（中）参加“院士带你走近中国航天”——《天魂》发布会

上图 / 2005年，朱森元夫妇在海南南田温泉度假村

下图 / 2009年10月27日下午，朱森元夫妇在南京航空航天大学植树园内一起植下一棵桂花树，以作留念

朱森元院士传记

Academician Zhu Senyuan's Biography

《中国航天院士传记丛书》总编委会 组织编写

寇克让 著

中国宇航出版社

·北京·

图书在版编目(CIP)数据

朱森元院士传记 / 寇克让著 ；《中国航天院士传记丛书》总编委会组织编写. --北京 ：中国宇航出版社，2015.12

（中国航天院士传记丛书）

ISBN 978-7-5159-1079-6

Ⅰ. ①朱… Ⅱ. ①寇… ②中… Ⅲ. ①朱森元—传记 Ⅳ. ①K826.16

中国版本图书馆 CIP 数据核字(2015)第 321423 号

责任编辑　裴燕娜　　**版式设计**　文道思

责任校对　王　妍　汪秀明　　**封面设计**　宇星文化

出　版
发　行　中国宇航出版社

社　址　北京市阜成路 8 号　**邮　编**　100830

(010)60286808　(010)68768548

网　址　www.caphbook.com

经　销　新华书店

发行部　(010)60286888　(010)68371900

(010)60286887　(010)60286804(传真)

零售店　读者服务部

(010)68371105

承　印　三河市君旺印务有限公司

版　次　2015 年 12 月第 1 版

2015 年 12 月第 1 次印刷

规　格　787×960

开　本　1/16

印　张　13.5　**彩　插**　8 面

字　数　188 千字

书　号　ISBN 978-7-5159-1079-6

定　价　48.00 元

本书如有印装质量问题，可与发行部联系调换

《中国航天院士传记丛书》总编委会名单

《朱森元院士传记》编审委员会名单

编审委员会

主　任　周利民

副主任　张　楠

委　员　王琦珀　李鸿鑫　季文好　陈寿吉　岳文龙
　　　　　李晓峰　张彦军

主　审　朱尧铨　周炽久

编撰组

组　长　李鸿鑫

副组长　寇克让

成　员　郝京辉　马丽娜　石珊珊

主要创作人

寇克让

序　一
Preface I

中国航天事业自1956年创建以来，已经走过50多年的发展历程。在党中央、国务院、中央军委的亲切关怀和英明领导下，中国航天人团结一心、顽强拼搏、勇于创新、无私奉献，不仅取得了以“两弹一星”、载人航天工程和月球探测工程为代表的辉煌成就，孕育形成了航天传统精神、“两弹一星”精神和载人航天精神，也造就了一支技术精湛、作风优良的航天人才队伍。

航天系统的中国科学院院士和中国工程院院士就是这支队伍的杰出代表。中国航天科技集团公司和中国航天科工集团公司先后有50多位科学家和航天工程专家当选为两院院士。其中，有7位院士获得过“两弹一星”功勋奖章，2位院士获得过国家最高科学技术奖。他们不仅是航天成就的主要创造者，也是航天精神的重要孕育者和忠实践行者。

中国航天事业是在新中国成立不久，工业实力、科技实力、综合国力都很薄弱，帝国主义严密封锁，苏联撕毁协定、撤走专家的情况下发展起来的。以航天院士为代表的中国航天人，自力更生，艰苦奋斗，奋发图强，顽强拼搏，在一穷二白的基础上，独立自主地创建起了中国的航天事业。

航天型号研制是复杂的系统工程，涉及很多领域，需要众人参与，必须大力协同、集智攻关才能完成。以航天院士为代表的中国航天人，在航天工程研制实践中，齐心协力，密切配合，实现了一次又一次技术突破，铸造了一项又一项辉煌成就。他们为祖国的航天事业作出了巨大贡献，却淡泊名利，不计得失，将个人利益置之度外。

航天事业属于尖端技术领域，难度大、风险高、技术复杂，在发展历程中碰到过很多难题，经历过各种坎坷，甚至遭受过重大失利。以航天院士为代表的中国航天人，在困难和失败面前不动摇、不退缩，树立百折不挠、锲而不舍、脚踏实地、严谨务实的工作作风，不断攻坚克难、勇攀高峰，取得了一个又一个胜利，树立了一座又一座丰碑。

今天，在由航天大国向航天强国迈进的征程中，航天院士的科学思想、创新意识、坚定信念和爱国情怀是全体航天人宝贵的精神财富。中国航天科技集团公司和中国航天科工集团公司决定出版《中国航天院士传记丛书》，不仅是为了宣传航天院士的科研成就，总结航天院士的成长规律，更是为了传承航天院士的宝贵精神，使之生生不息、薪火相传，为“续航天梦、筑强军梦、圆中国梦”的伟大实践提供精神动力和思想源泉。

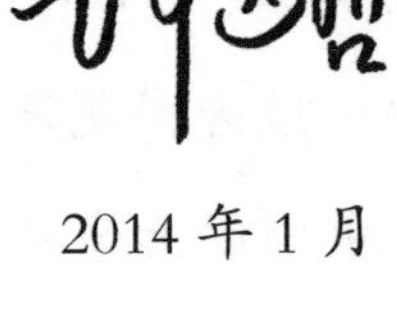

2014 年 1 月

序 二
Preface Ⅱ

中国航天事业创建半个多世纪以来，培养和塑造了一大批功勋卓著、德高望重的中国科学院院士和中国工程院院士。他们具有坚定的理想信念和强烈的爱国情怀，理论功底深厚，技术水平高超，善于引领科学发展和技术创新，在中国航天事业发展的关键时期发挥了重要作用，为中国航天事业取得辉煌成就、孕育航天精神作出了突出贡献。

为了全面、系统地总结航天院士的成长规律，把航天院士的科学思想和创新方法记录下来、传承下去，为中国航天事业积累精神财富，为航天强国建设提供有益借鉴，中国航天科技集团公司和中国航天科工集团公司研究决定，组织编写一套《中国航天院士传记丛书》（以下简称《丛书》）。

党的十八大描绘了坚持中国特色社会主义道路、全面建成小康社会、实现中华民族伟大复兴的宏伟蓝图，同时也为加强国防和军队现代化建设、推进我国由航天大国向航天强国迈进指明了方向。在中国航天事业“续航天梦、筑强军梦、圆中国梦”的新形势下，出版这套《丛书》，具有重大的现实意义和深远的历史意义。

记载航天历史。航天院士是中国航天事业的宝贵财富，他们的成长历程反映了航天事业的发展轨迹。这套《丛书》不仅是航天院士个人的传记，也从不同侧面记载了中国航天从技术到管理、从思想到精神的真实历史。

弘扬航天文化。宣传航天院士，就是站在科学的高度，向社会各界全面宣传航天事业，弘扬航天文化，使其成为中华民族文化宝库的重要组成部分，增强中华民族的自信心、自豪感和凝聚力，提升国家的软实力。

传承航天精神。航天精神是包括航天院士在内的几代航天人，在中国航天事业发展历程中，不断积累、提炼、传承而逐渐形成的，是民族精神、时代精神与航天实践相结合的产物，是中国航天事业之魂。《丛书》全面反映了航天院士的学术成就、科学作风和思想品格，有助于航天精神薪火相传。

培育航天人才。中国航天事业已经完成了新老交替，一代航天新人正在茁壮成长。《丛书》是泽被后世的人才工程，对于培育航天人才、发展航天事业、铸造新的辉煌将产生积极的促进作用。

总之，《丛书》是一套具有航天特色的爱国主义教材，是不可多得的精神食粮。相信这套《丛书》的出版发行，必将吸引更多的年轻人热爱航天、投身航天、奉献航天，以饱满的热情和昂扬的斗志再攀高峰，使中国航天事业后继有人，蓬勃发展，续写辉煌。

2014 年 1 月

目 录
Contents

第一章 没落大家的中兴之象

1. 富甲溧阳，世事无常 2

2. 战乱求学，霍乱幸存 4

第二章 留苏归来的儒雅学子

1. 航空专业，学生领袖 8

2. 负笈北上，预备留苏 9

3. 青年翘楚，转战鲍曼 11

第三章 传热学领域的重要贡献

1. 开拓奠基，五院创建 20

2. 自力更生，航天起步 25

3. 发愤图强，自行设计 38

4. 术业有专，锋芒初露 45

第四章 氢氧发动机的预先研制

1. 自主创新，立项实施 56

2. 大力协同，“三结合”创奇效 59

3. 敢于负责，果断决策 67

4. 遭遇寒流，不屈不挠......74
5. 着眼未来，富有远见......81
第五章　液体火箭发动机的新领域
1. 勇于进取，攻坚克难......86
2. 临危不惧，同舟共济......92
3. 稳扎稳打，严谨务实......97
第六章　中国航天里程碑的见证
1. 柳暗花明，胜利在望......104
2. 呕心沥血，见证辉煌......108
3. 中流砥柱，无私奉献......111
4. 展示实力，走向世界......118
第七章　金牌发动机的创新应用
1. 大胆创新，一机多用......128
2. 质量为本，科学求实......136
3. 开创探索，迎难而上......140
第八章　航天高技术的战略研究
1. 载人航天，飞船起步......150
2. 吃苦奉献，攻关战斗......160

3. 积极进取，敢于超越 164
4. 模块化研制，积木式发展 169
第九章　为国争光的奋斗人生
1. 薪火相传，著书立说 176
2. 献身航天，矢志不渝 182
3. 勇于攀登，百折不挠 190
朱森元大事年表 196
参考文献 200
后　记 201

朱森元

朱森元院士传记

Academician Zhu Senyuan's Biography

第一章

没落大家的中兴之象

学校在战乱中艰难地维持着，但朱森元求学的信心从未动摇过。他意识到，只有学好知识，才可以使自己的国家富足、强大，免受强敌侵略。

1. 富甲溧阳，世事无常

苏南的溧阳县山川秀美，天目湖自古就是令人向往的名胜。县城北门外的朱家，曾经是这里数一数二的大地主。俗语说，富不过三代，曾经辉煌的朱家也免不了这种兴衰的轮回。中华民国十几年，几代人居住的老院子，在破败的外表之中，依稀透露着半个世纪以前的一丝阔气，除此以外，朱家的日常生活、饮食起居和普通的农民已经没有什么不同。

不过，溧阳地处长三角地区，毕竟是富庶安逸之所，一日三餐虽然不能饱饫烹宰，只是些粗疏饭菜，但喝茶依然是老人、长者不能缺少的享受。进茶馆喝茶聊天，一坐就是一个多小时，这是祖祖辈辈始终不变的生活习惯。

上午泡茶馆，在朱老先生的生活中是不能缺少的。尽管民国以来他的家境远不如从前了，但他的曾祖辈毕竟曾经富甲一方，他任何时候都在坚持着自己骄傲的出身。家里到茶馆几十米的街巷，他熟悉得可以闭上眼睛走完。他总是慢慢悠悠，踱着步，习惯了严肃的脸上挂着一丝惬意，浑身散发着一个上午悠闲的小啜之后的舒服。有时候茶馆不开门，他就在家里起炉烧水泡茶，土炉子烧柴火，每当这个时候，家里便浓烟缭绕。

朱家所在的村庄不大，150多户人家，算不上一个镇。朱老先生在村里算是饱读诗书之人，他心底里固有的自豪感时时都会流露出来。当然，他也有自己内心的不满，读书人，这些年也没有出路，他不得不做了几年生意。吹嘘欺骗是生意人不可缺少的伎俩，他哪里会这一套！因此做什么都赔本，使得家里很穷困。这个时候，他才体会到什么叫“无奸不商”。他渐渐地认识到，士、工、农、商这样的社会秩序原来是如此地合理。想到这里，心里竟涌起一丝按捺不住的庆幸。

朱老先生出身大家庭，小的时候家境很好，几个兄弟都念书，他是其中念书最好的。靠着自己这个难得的条件，朱老先生开办了一个私塾，招聘了几位先生，一起教书。大儿子也跟着他在私塾里念书。

不过，朱老先生却没有打算让孩子们靠念书谋生，他自己就是念了一辈子书，却穷得生活难以为继。等儿子们长大一些的时候，便让他们种田了，靠劳力吃饭，最安稳不过。最后，只留下小儿子念书。

朱老先生的大儿子十几岁就成了家里的主要劳动力。他教导儿子们要团结，所以，朱家的几个兄弟都很和睦。老二虽然没念多少书，但很聪明，手很巧，除了种田，石雕的手艺很精通，人也勤快，十分能干。

溧阳一带传统文化浓郁，民间建筑也时常透露出一些古风，比如盖房子都要用鼓形的柱础，上面雕刻着一些“喜鹊登梅”之类百姓喜闻乐见的图案。老二干这行，越来越有名气，收入日渐丰厚，靠着老二的这个手艺，全家农闲时干石雕活，朱家慢慢又富裕起来。

1930年秋天，朱老先生的孙子出生，他高兴极了，考虑再三，为孙子取名“森元”。毕竟是长子长孙，少不了一个“元”字，衰落了几十年的家境也渐渐有了起色，朱老先生希望托祖宗荫福，家道中兴，如参天大树，根深叶茂，蔚然成林，这个“森”字也就再恰当不过了。

2. 战乱求学，霍乱幸存

四五岁时，母亲去世了，朱森元跟随祖父居住。辛亥革命后，朱老先生在村里创办了洋学堂夏林小学，朱森元就读于此。朱老先生爱写诗，尤其是酒后兴致高的时候，很快就能写成一首诗。他写了很多诗，不仅自己欣赏，在朱森元五六岁的时候，还教他念自己的诗。

平静的日子没过多久。朱森元清晰地记得，1937年冬的一天，祖父带回一名男子，只听那人说："我是从死人堆里爬出来的。"原来，这是南京大屠杀中的一名幸存者。个子还没桌子高的朱森元，似懂非懂地听着男子的讲述，害怕得瞪大了眼睛。

1937年12月，日寇在南京进行了惨绝人寰的大屠杀，不久，离南京一百多公里的溧阳于1938年3月也沦陷了。日寇在溧阳进行大扫荡，实行"三光"政策，烧光、杀光、抢光。

一天下午，敌机呼啸而来，在溧阳县城投下几枚炸弹后，突然掉头转向埭头、上黄方向，飞到埭头上空，向侯庙投下炸弹，然后朝无锡方向飞去。村前墩头圩的圩堤上，祖父牵着朱森元的手说道："我们的装备不如日本人的，落后就要挨打！"看着逃难的村民，听着敌机的轰鸣，也许就在那个时刻，一颗为国防事业做贡献的种子埋藏到了朱森元的心里。

日寇占领了城市，但是不敢常住乡下，为了抢掠财物，对乡村也进行大扫荡，只是每次扫荡之后，当天就退回城市。

溧阳是日寇重要的统治区，一年扫荡大约两次，每次几个小时，来了之后，抢掠一番，做一些破坏活动，然后就走了。等他们一走，老百姓还是回家住。

朱森元当时上小学，每逢大扫荡，学生们立即疏散逃走，等到日寇走后，学校继续上课。重视读书，是中国人自古以来的传统，朱家更不例外，在这样的战乱年代，家里还是尽力保障孩子们上学读书。祖父把父亲和叔叔们叫到一起，郑重地提出，要举全家之力，供朱森元等求学。当时，朱家念书的人除了朱森元，还有比他年长10岁的小叔叔。学校在战乱中艰难地维持着，但朱森元求学的信心从未动摇过。他意识到，只有学好知识，才可以使自己的国家富足、强大，免受强敌侵略。

日寇在南京进行大屠杀以后，又在溧阳一带开展细菌战，以致霍乱流行。朱森元二婶和她的大儿子、小女儿几天之内死于霍乱，二叔也得了霍乱，但他身体比较强壮，通过服中药、针灸活了过来。因为霍乱传染，祖母抱着二叔的第二个儿子隔离开了，二叔这个幸存的儿子后来也念了书，上了西安交通大学。三叔的孩子都在乡下种田。小叔叔的儿子后来也上了大学。

朱森元随祖父逃到二婶的娘家避难，因为那里离新四军驻地近。即使兵荒马乱，这里总比其他地方要安全些。后来，小学还没有读完的朱森元以优异的成绩考入了溧阳最早的一所中学——同济中学。

在同济中学读书时，朱森元和几位同学听说，苏州中学有老师到皖南第五临时中学（安徽省广德县境内，与溧阳交界）任教，这无疑是求学的阶梯。朱森元考入这所学校读了几个月书，更大的喜讯传来了：抗日战争胜利！自己被苏州中学录取！“我们村以及周边地区的孩子都知道江苏的这所名校，周围人能考上苏州中学的只有我一个。我非常珍惜这来之不易的机会，下决心要刻苦学习。”耄耋之年，朱森元回忆起这件往事时依然很兴奋。

朱森元

朱森元院士传记

Academician Zhu Senyuan's Biography

第二章

留苏归来的儒雅学子

1960年12月，朱森元高水准地完成了莫斯科鲍曼高等技术学校的学业。在进行副博士学位答辩时，面对21位评委，他表现出色，对答如流，以全票通过答辩。

1. 航空专业，学生领袖

1949年秋，朱森元以优异的成绩考入了中央大学（后改为南京大学）航空系，向儿时的国防志向迈出实质性的步伐。那一年，饱经沧桑的中国升起了五星红旗。

朱森元在国内的求学历程分为两段，解放前的中小学教育在动荡中完成，而解放后的大学教育让他感觉到焕然一新，因此，在学业上他如饥似渴，其他各项活动也积极参加，从不落后。他就读的中央大学虽然在解放前是国民党政府的直属大学，但学生里有很多地下党员，他们的身份很隐蔽。直到解放后很久，朱森元才知道他同宿舍的一位同学就是地下党员。朱森元学习成绩好，要求进步，被同学们推选为学生干部和团干部。1951年，他被选派到北京参加全国学生代表大会。在北京的一个月里，他有机会聆听了许多知名人士的讲话，眼界大为开阔。

刚成立的新中国百废待兴，急需大量专业技术人才。由于抗美援朝，要尽快组建空军。在南京大学，航空系的学生们首先被发动起来，报名加入军事干部学校，实际上是为空军组建教师队伍。当时，大家对于进入军事干部学校并不积极，有人抱怨说："好不容易考上大学，又去参军了。"航空系的青年团开始只有三人报名，朱森元便是其中之一。另一位叫刘吉庆，还有一位叫胡传青。他们三人带头报名，再动员其他同学，最后，航空系的同学全部报名，接受组织的挑选。受此感染，其他系的同学也踊跃报名。南京市青年团组织就把朱森元负责的这个支部作为重点支部进行宣传，航空系也成了整个学校的先进集体。

1952年春，又红又专、学业突出的朱森元成为学校唯一被中共中央办公厅选中的大学生，进入北京俄文专修学校留苏预备部学习俄语（全国共110名学生），准备出国深造。不久，他光荣地加入了中国共产党。从此，他将自己的命运和党的事业融合在一起，把自己的一生献给了中国航空航天事业。

2. 负笈北上，预备留苏

1951年，中央统一领导了"三反""五反"运动，南京大学的学生们也参加了"打老虎"的工作。有一天，朱森元带领航空系的"打虎队"在南京的下关码头发动群众抓奸商，批斗贪污腐败分子、投机倒把分子。大会正在进行，突然，学校来人通知朱森元，让他到位于上海的华东军政委员会教育司去参加一项考试，他不知道为什么要让他去考试，所以不愿去，"我这里任务很重，完不成，怎么又让我去考试？""不管你完成完不成，考试是你的第一任务，别的任务交给他们。"学校送来通知的人坚定地说。无奈，朱森元只好把开批斗会的任务交给了一位副书记，自己去参加考试。朱森元不记得到上海参加考试的有多少人，只记得最后只有自己被选中了。

1952年4月初，朱森元接到通知，到北京俄文专修学校留苏预备部报到。留苏预备部在什么地方，谁也没有告诉他。下了火车，没有见到"留苏预备部接待处"的牌子，只看到"辅仁大学接待处"的牌子，朱森元便走过去打听道："叫我到留苏预备部报到，我找谁呀？""你找我好了。"辅仁大学接待处的人说。"你们就是留苏预备部的？""我们就是。""你们不是辅仁大学的吗？""是啊！我们也是辅仁大学的。"实际上，这几个人是辅仁大学的助教，临时组织起来为留苏预备部工作，因为留苏预备部就设在辅仁大学内。他们叫来一辆黄包车，把行李往上一放，就把朱森元拉到了什刹海后面的一个四合院，这个院子属于辅仁大学的地盘，但不是辅仁大学的本部所在，所以没有学校的牌子。学校院子很大，里面有不少平房，这就是留苏预备部学员的住处。朱森元是按时报到的，他来的时候，已经有几个人早到了。接待朱森元的是一位女同志，她是从团中央调来这里工作的，在留苏预备部担任专职团总支书记。她一见到朱森元就说："你将来担任团总支的学习委员，负责管理学生们的学习。"

慢慢地，朱森元将情况了解清楚了。去苏联留学之前，留学生们需要先在中共中央编译局下属的北京俄文专修学校培训俄语。1952年2月，北京俄文专修学校成立留苏预备部，凡国家派往苏联留学、进修的人员，先在这里集中学习一年俄语。留苏预备部设在私立教会学校——辅仁大学。朱森元他们是这里最早的一班学员。由于留苏预备部的学员并不全都是学生，所以，在许多方面被当作教职员工，比如进出辅仁大学需要通行证，预备部的学员佩戴的是教职工的校徽。

留苏预备部一共有一百多名学员，都是来学俄语的。但并非所有学员都是留学生，还有一些是从全国各地选拔出来的劳动模范，如被称为"中国的保尔·柯察金"的吴运铎，开垦"北大荒"的第一位拖拉机手耿德。耿德还是第一位登上天安门城楼的全国劳模。吴运铎曾经和朱森元同在一起学习俄语。朱森元等人是要被派往苏联高等院校学习深造的，这些劳模则是要去苏联进行工作实习的。

到留苏预备部学俄文，同时进行政治审查。朱森元一到留苏预备部，就被指定为新民主主义青年团的团总支学习委员，负责管理学生的学习活动。新民主主义青年团，就是后来的共青团。

国家希望多派一些人出去学习，但苏联航空系统不愿意接收太多人。由于国家急需汽车制造方面的人才，于是，朱森元被分到了汽车工程预备班。汪道涵负责组建第一汽车制造厂，该厂在中山公司举行了一场招待会，汪道涵请同学们吃了一顿饭，晚上还邀他们一起观看了演出。

1953年，朱森元来到苏联首都莫斯科，进入莫斯科汽车机械工程学院学习。

3.青年翘楚，转战鲍曼

当时苏联人对中国学生在国内的学历不以为然，要他们从大学一年级学起。朱森元通过了考试，苏联人同意他直接进入大学二年级学习。苏联高等教育注重基础学习的传统，使朱森元受益匪浅。他高水准地完成了基础课程的学习，同时对力学、热力学、材料力学、流体力学等课程产生了浓厚兴趣。兴趣加上刻苦，使得苏联老师十分赞赏朱森元。一次期末考试，老师看见朱森元走进教室，就说："你不用参加考试，我现在出个问题，你说一说就可以了。"

1958年夏天，朱森元在鲍曼读研究生时，因实验工作，需要自己配制显影剂和定影剂，这是朱森元用自己配制的药水，成功洗出的12寸照片

1957年，朱森元从莫斯科汽车机械工程学院毕业，他的毕业论文被苏联教育部评为优秀毕业论文，于是便有了继续攻读副博士学位的资格。学校的一位老师听朱森元说，他对热力学感兴趣，把他推荐到著名的莫斯科鲍曼高等技术学校研究生院，这所学院在苏联工科学府中的地位相当于我国的清华大学，能进入这里学习自己喜欢的课程，朱森元如鱼得水。那年，世界航天史上发生了一件大事：苏联成功发射了世界上第一颗人造地球卫星。

按照学校要求，在此期间，朱森元学习了第三门外语——德语。他的德语老师的邻居正好是朱森元妻子徐鸿敏的同学，关系十分要好。一次，这位老师偶然在邻居那儿看到朱森元的照片，十分奇怪："这个人是我的学生啊？！"仔细一问，她才恍然大悟。从此以后，通过妻子和俄罗斯友人的通信，朱森元也常附信问候这位德语老师。

朱森元的德语老师88岁生日留影

2008年10月9日，朱森元的德语老师寄来了她95岁生日照片。从1998年之后，他们每年通两次信，互祝健康和生活快乐

在“联盟”宾馆的草地上，朱森元（中）和夫人徐鸿敏的同班同学（左）及其女儿（右）合影

在“联盟”宾馆的草地上，朱森元（中）和夫人徐鸿敏的同班同学（右）及其母亲（左）合影

1992年秋，徐鸿敏（中）参加铁道部访俄技术代表团，在莫斯科的宾馆和同班同学（右）及其儿子（左）相聚合影

1992年秋，徐鸿敏（前排右一）和两位同班同学在莫斯科的宾馆相聚合影

2009年10月，徐鸿敏收到四位同班同学相聚照片

2008年11月，徐鸿敏随朱森元前往深圳参加资深院士学习“科学发展观”活动

2008年11月，徐鸿敏在深圳华侨城植物园入口旁的睡莲池前留影。该植物园是航天育种基地之一

2008年11月18日，朱森元夫妇在深圳华侨城的仿瑞士小镇“茵特拉根”前合影

朱森元这批人是20世纪50年代中国第一批派往苏联的留学生。和朱森元住一个宿舍的航斯，是德国派往苏联的留学生。这里的中国学生原本就是国内各高校的佼佼者，到了鲍曼高等技术学校也是成绩名列前茅的学生，其他国家的留学生学习跟不上的时候，就找中国学生帮忙辅导。

为了提高本国的学术水平，当时苏联的教育制度是，从高等院校直接毕业的学生不能直接攻读博士，只能攻读副博士。副博士工作若干年后，在自己的学术领域取得公认的成果，才可以被选拔出来攻读博士。朱森元在苏联取得的是副博士学位，当时叫做“技术科学副博士”，其实，按照俄文真正的意思，应该翻译为“博士预备班”。虽然只是取得副博士学位，但这些副博士的论文水平，并不在其他国家的博士之下，甚至还优于其他国家的博士。当时和朱森元一起出国，被派往波兰、匈牙利、捷克等国家学习的中国留学生取得的都是博士学位。回国后，中国对待留苏生和其他国家回来的博士，都给予了相同的待遇。

1960年12月，朱森元面对副博士学位答辩的21位评委，对答如流，表现出色，最终以全票通过答辩，这在学院历史上是不多见的。

朱森元加入中国共产党的时间是1952年11月13日。和所有出国人员一样，朱森元在出国前，中共中央组织部对他进行了政治审查，审查时发现，他的出生日期有好几种。有一缘由是当时许多老同志都把自己入党的那一天作为自己的生日，以示纪念。朱森元也在有关表格的出生年月日一栏填写了“1930年11月13日”。时至今日，他身份证上的出生年月日依然是“1930年11月13日”，实际上是1930年10月26日。

朱森元

朱森元院士传记

Academician Zhu Senyuan's Biography

第三章

传热学领域的重要贡献

朱森元通过传热学理论分析，解决了火箭发动机的冷却问题。在谈到所取得的成就时，他一再强调：“能够为祖国的航天事业贡献力量，是我一生的骄傲。”

1. 开拓奠基，五院创建

20世纪，火箭技术在美国和苏联等发达国家飞速发展。在复杂的国际形势下，1956年，国防部第五研究院成立，其任务是研究和制造火箭与导弹。

1956年2月12日，国务院总理周恩来在军委副主席叶剑英、副总参谋长陈赓的陪同下，会见了1955年10月由美国返回中国的著名科学家钱学森。受周恩来总理的委托，钱学森随即起草了《建立我国国防航空工业意见书》，提出了我国“国防航空工业”的组织草案、发展计划和具体实施步骤。为了保密起见，采用“国防航空工业”一词代表火箭、导弹工业。该意见书认为，我国国防航空工业原则上应“研究、设计和生产三面并进，而在开始时，重点放在生产，然后兼及设计，然后兼及研究”。

1956年3月14日，周恩来主持召开中央军委会议，讨论了钱学森的有关建议，并决定：由周恩来、聂荣臻、钱学森等筹备组建航空工业委员会，统管我国航空与导弹工业的发展工作。4月13日，航空工业委员会（简称航委）成立，中央军委副主席、国务院副总理聂荣臻为主任，钱学森等为委员。

1956年5月26日，周恩来主持中央军委会议，讨论了由聂荣臻代表航委提出的《关于建立我国导弹研究工作的初步意见》。周恩来指出，要动员更多的人来帮助和支持导弹的研制工作，同意从工业部门、高等院校、科研机构和军队中抽调所需的技术专家和行政干部，军队要起模范作用。同时，责成航委负责组建导弹管理机构（国防部五局）和导弹研究机构（国防部第五研究院）。

1956年10月8日，国防部第五研究院（简称国防部五院）成立，钱学森担任院长。聂荣臻指出："我们不能排除在平等互利原则下的外援，我们不搞闭关锁国，但是我们的立足点必须放在自力更生的基础上。"为此，他要求国防部五院将"自力更生为主，力争外援和利用资本主义国家已有的科学成果"作为建院方针。

1956年11月23日，聂荣臻批准国防部五院下设10个研究室，即六室（总设计师室）、七室（空气动力研究室）、八室（结构强度研究室）、九室（发动机研究室）、十室（推进剂研究室）、十一室（控制系统研究室）、十二室（控制元件研究室）、十三室（无线电研究室）、十四室（计算技术研究室）、十五室（技术物理研究室），分别由任新民、庄逢甘、屠守锷（1957年到任）、梁守槃、李乃暨、梁思礼、朱敬仁、冯世璋、朱正、吴德雨负责。

五院成立之初，规模小、搬迁频繁，重大任务还处于酝酿、规划之中，研究工作不具体，研究力量也很匮乏。当时，中华人民共和国成立还不到10年，百废待兴，科研力量非常薄弱，从事过导弹研究工作的科研人员可以说是凤毛麟角。为了加强五院的科研力量，中央要求工业部门、高等院校、科研院所和军队等各单位全力支持五院。当年从北京大学等高校选调来140多名应届毕业生，按其所学专业分配至各研究室。同时跟苏联协商，选拔50名中国留学生改学导弹技术类专业。这些都极大地补充了五院的科研力量。

为了开展研究工作，钱学森院长和梁守槃、庄逢甘、朱正等老专家为全院技术干部（以1956年毕业的大学生为主，他们都没有学过导弹知识）讲授导弹及发动机的理论知识。此时，我国引进了两枚苏联的P-1导弹。这是两枚教学弹，其中一枚的主要部件已经剖开，可以看到内部结构的详细情况。国防部五院组织全院人员分批参观这枚导弹，并请有关专家进行讲解。发动机研究室主任梁守槃给大家讲解发动机的结构情况，发动机研究室的科技人员迅速兵分两路，对发动机进行实物测绘和反设计工作。一部分人员由任新民领导进行发动机测绘，另一部分人员由梁守槃领导进行发动机试验设备的初步设计工作。

发动机测绘工作，就是将各个组合件进行有序拆卸，分解成一个一个的零件，一一进行测量和详细登记，然后再按照测绘结果，绘制成零组件图纸，进行反设计。由于条件十分简陋，既没有先进的测量工具，也没有设计所必需的技术文件和标准资料，大家对尖端武器的生产技术知识了解也不多，只能从测量确定零件尺寸中推算公差配合，所以，测绘出的工程图纸质量不高。在测绘中，曾经发生过这样一个故事。负责发动机涡轮泵测绘的江希藩，是从长春拖拉机学院毕业来到国防部五院的，在测绘设计叶片扭曲的泵叶轮时，用仅有的卡尺、千分尺和三角尺，怎么也测不出来。他和同事们一连想了几天也没有想出测量的办法。后来，他们想到了投影仪，利用X光投影的办法，把扭曲的叶片轮廓投影到平面上，才完成了测绘任务。江希藩抱着拆下来的叶轮，从北京西郊车道沟出发，乘公共汽车到永定门，然后从永定门步行10公里到南苑211厂，顺利完成了X光的透视投影。正当他兴致勃勃地返回驻地时，却发现忘了带足路费，口袋里没钱，只能从南苑步行返回驻地。几十公里的路程，加上没钱吃饭，一路上又饿又累，身上还背着叶轮，回到驻地时已是疲惫不堪，但由于解决了困惑多日的难题，他的心里却是乐滋滋的。这件事后来在国防部五院传为佳话。

1957年6月10日，国防部五院召开喷气技术协调会议，确定第二个五年计划期间的基本研究任务为：仿制P-1导弹；设计和试制射程450千米以上的单级导弹；设计和试制能控制飞行的无人驾驶飞机（用做靶机）。

更为先进的苏制P-2中近程导弹引进后，P-1的仿制工作结束。

1957年夏，聂荣臻与苏联驻华经济技术总顾问阿尔希波夫进行了多次会晤，以争取苏联对我国国防工业发展给予更多的理解和支持，并于9月上旬率领中国政府代表团前往莫斯科，就国防新技术援助一事与苏联进行了谈判。10月15日，中苏双方签署了《关于生产新式武器和军事技术装备以及在中国建立综合性的原子工业的协定》（简称《国防新技术协定》）。根据这一协议，苏联在1957年底至1961年底，为中国提供原子弹的样品和技术资料，提供四种导弹（包括P-2地地导弹）的样品和技术资料，并向中国派遣专家，帮助中国仿制导弹，向中国提供导弹研制与发射基地的工程设计资料，增加中国赴苏联的火箭与导弹专业留学生的名额等。

在此形势下，为迎接苏联的援助，国防部五院于1957年11月16日成立一、二分院。一分院由六、七、八、九、十室和机关的大部分人员组成，承担各类导弹总体设计和弹体、发动机的研制任务；二分院由十一、十二、十三、十四、十五室与通信兵部军事电子科学研究院的6个研究室和1个试制工厂合并而成，承担各类导弹控制系统的研制任务。钱学森为国防部五院院长，兼一分院院长，王诤为国防部五院副院长，兼二分院院长。其中，九室改名为四室，任新民为主任。四室即为三部前身。朱森元从苏联留学归来后，便分配在了三部从事科研工作。

1957年12月，中央军委决定，由五院和炮兵联合组建教导大队，业务由五院领导，建制归炮兵（1959年7月撤销建制）。教导大队的任务主要有两项：一是接收苏联根据《国防新技术协定》提供给中国的导弹装备及相关技术资料；二是向苏联派来的导弹营学习如何使用与维护保养所提供的导弹武器。五院党委号召全体人员虚心向苏联专家学习，把火箭技术全面系统地学到手。

四室主任任新民坚决执行上级指示，派出技术骨干张继庆、龚伊凡等去教导大队担任发射连发动机排排长、技师和一号手，一对一地向苏军对口学习。通过课堂讲授和实际操作，他们初步掌握了近程导弹P-2的原理、结构与操作、使用、维护等知识和技能。从教导大队结业后，他们又为本单位的同志举办培训班，使广大设计人员都学到了基本知识，为以后的仿制和设计工作打下了初步基础。此前，钱学森院长曾走上讲台，亲自给技术干部讲授“导弹概论”课程，五院还从中国科学院和不少高等院校聘请了专家学者来驻地传授相关专业知识，但大多为基础理论知识。而教导大队向苏联导弹营学习的内容分指挥、测试、诸元准备、发射、运输等20多个科目，主要学的是实际操作知识。因此，在教导大队接受过训练的技术人员后来都成长很快，不少人在之后的导弹、火箭、卫星等型号设计中担任了系统设计师、副总设计师，甚至是总设计师，有的还担任了试验基地以及部队的骨干。

1958年年初，苏联专家在我国进行了导弹研制基地和发射场的选址考察，中苏双方共同商定了四项援建工程，即：火箭与防空导弹总体及发动机研究院；火箭与防空、飞航式导弹控制系统研究院；发动机与全弹试验台；空气动力研究所。工程初步设计由苏方负责，其他由中方负责。工业建设中的重要专用部分以及四个项目的试验、生产、工艺设备等均由苏方负责设计和提出分交清单。

1958年6月，中央决定将二机部所属、位于北京南苑的飞机修理试制厂（211厂）划归国防部五院，作为试制导弹的总装厂，并选定沈阳111厂等25家工厂作为一级协作厂。这样，国防部五院便拥有了一批熟悉工厂工作的企业管理干部，拥有了一支工种较为齐全的熟练技工队伍。这种科研与生产紧密结合型联合体的建立，对不久后展开的导弹仿制工作以及后来的自主研制工作起到了极大的促进作用。

1958年6月，航委确定了四大研制基地的建设地址，分别在北京的南苑、永定路及云岗地区。导弹与火箭发射试验基地，此前已经决定在甘肃的酒泉地区兴建。

这样，经过两年的筹建与努力，国防部五院的基石基本铺成。

2. 自力更生，航天起步

四室于1958年4月2日扩大为第三设计部，任新民为主任，吴之真为副主任。1958年7月，苏联中近程导弹P-2的生产技术图纸资料到达。三部全体人员（主要是1956年和1957年毕业的大中专生）在任新民、吴之真的率领下，随即投入了发动机5D52的资料翻译和复制工作，掀起了一股轰轰烈烈地翻译资料、学习资料、消化资料的热潮，设计人员夜以继日地工作，办公室每晚都灯火通明，直至深夜。政工行政干部也一齐出动，做好思想政治和后勤保障工作，及时解决各种物质需求，并将夜宵等直接送到每个办公室，极大地鼓舞了设计人员的工作热情。一个月后，翻译复制任务全部完成，图纸资料及时分送到各仿制工厂。

1958年8月，三部由长辛店搬往南苑，设计队伍分成3个室（初步设计室、结构设计室、试验室），包括所有车间、机关、部领导等300多人都挤在211厂一间大机库里，条件十分艰苦。就是在这样的条件下，开始了导弹发动机的仿制工作。

仿制中首先遇到的最大困难是生产零组件的材料和发动机使用的推进剂液氧、酒精、过氧化氢等，因其技术要求非常严格，我国的工业部门不能生产。国防科委报请中央全面组织全国大协作，各工业部门立即进行试制，克服重重困难，及时提供了合格产品。在发动机各组件的生产过程中也遇到很多技术难关，如燃烧室的焊接裂纹问题，涡轮泵轴承的材料问题，各种自动器特别是高压减压器的装配、调试问题，等等，都是技术难关，成为了生产进程中的拦路虎。驻厂设计人员迎着困难上，与车间的技术人员以及工人一起，群策群力，刻苦钻研，日夜奋战，多方试验，终于仿制成功了合格产品。

在各仿制厂，设计人员不仅担任设计代表，负责解决试制中的技术问题，还兼任军代表负责产品验收。为了加快仿制进程，设计人员往往身兼数职，承担了设计员、工艺员、检验员、材料员、资料员、调度员等工作。当时人们戏称其为“八大员”。这些“八大员”与工厂的干部、工人吃住在一起，共同战斗，攻克了一个又一个难关。

1959年1月，苏联专家施涅金（专家组长）、萨尔基祥（燃烧室专家）、扎哈罗夫（涡轮泵专家）、谢苗诺夫（阀门专家）、卡强诺夫（总装专家）、索罗维约夫（水力试验专家）先后来到三部。为了将设计技术迅速学到手，任新民率领技术骨干夏云辉、于龙淮、李伯勇、颜子初、张继庆等向苏联专家对口学习。同时又派出各设计室领导刘传儒、张云波、张继庆、王树声、梁宣骥、李恒文、赵忠海等率领一大批设计人员下厂，以全面展开仿制工作。任新民则担任“1059”导弹①副总设计师，负责发动机设计。

苏联专家抵达后，五院对苏联专家热情关怀，无微不至，使他们充分感受到中国人民对苏联人民的友好情谊，很多技术人员都与苏联专家成为了很好的朋友。设计人员对苏联专家不仅热情接待，还虚心向他们请教，一起去工厂车间具体了解生产进度，在现场及时研究解决生产中出现的技术问题。在工作中，苏联专家经常参加有关关键技术的讨论，及时提供他们当年在材料选择、加工要求和装配试验条件等方面的做法，起到了启发思路和少走弯路的作用，同时还建立了一套施工和生产管理制度，对导弹仿制工作起到了很好的促进作用。

发动机试车需要试车台。苏方未提供建台资料，建议将发动机拿到苏联去试车。我方决定自力更生，建设发动机试车台。朱凯、陈福根、王桁等承担起了提出建台任务以及制定液气系统和电路系统原理图的任务，并参加了试车台的建设。期间，苏联专家组长施涅金冒着风险给予我方无私的帮助。克服很多困难后，终于建成了我国第一个大型液体火箭发动机试车台。

施涅金是一位50多岁的老专家，苏共老党员，苏联内战时期，曾经当过

---

①“1059”导弹，即我国仿制的苏制 P–2 导弹。原计划 1959 年 10 月发射，故命名为“1059”。1964 年更名为“东风一号”。

红军的机枪射手，立过战功。革命胜利后，他被选送到高校学习，毕业后一直从事液体火箭发动机的研究设计工作，从技术员升到发动机设计院的副总设计师。施涅金虽仅在我国工作了一年多时间，但他性格豪爽，热情耿直，有真才实学，他及其领导的苏联专家组，对“1059”发动机的仿制生产起到了重要的指导作用。

苏联专家当时在国内享受着较为优越的生活条件，但进驻发动机设计部后，都很体谅发动机设计部的困难，和大家一起在破旧的机库工作和学习。他们中的大多数人毫无保留地指导中方的技术人员学习和消化“1059”设计图纸和资料，认真解答技术人员提出的每个技术问题。机库虽然破旧，工作和学习气氛却很融洽。

苏联专家多次到生产厂检查生产情况，对每一个零部件的生产、每一道工序，都一丝不苟地按设计要求和工艺规程严格把关，任何超越设计允许公差范围的零部件，都做报废处理。他们这种严谨的科研作风，为我国科研人员作出了表率，使科研人员对严格把好质量关的重要意义有了更深刻的认识。发动机上的各种活门，安排西安的一家工厂生产。当时正值“大跃进”，工厂受到一些狂热气氛的影响，一些原先合理的规章制度被破坏了，产品不按工艺规程生产，盲目追求进度和数量。苏联专家到该厂了解、检查仿制生产情况，看到生产出来的部分产品质量很差，非常气愤，当场要求取消该厂生产“1059”发动机活门的任务。他们说：“对产品质量如此不负责任，简直就是对国家犯罪。”最后，活门生产任务从这个厂转了出来。

为增加“1059”导弹的射程，总体设计部提出了对发动机改型的设计方案。改型的发动机设计方案虽然经过反复论证，但科研人员毕竟是第一次承担这种重大任务，心中没有底，希望得到专家组的帮助。一次晚餐后，吴之真副政委把这个想法向施涅金提了出来。施涅金听后，沉默了一会儿，说：

“我们是没有这个任务的，但出于友谊，我可以看看你们的方案，听听你们的意见。”随后，施涅金非常认真地审阅了方案，谈了他的意见，提出改进的部分一定要反复试验，以确定其性能是否可行。施涅金的意见使科研人员深受启发，在后来进行的飞行试验中，证实了施涅金所提的意见是有益的。

由于中苏关系恶化，苏联单方面撕毁协议，决定撤走全部在华专家。施涅金正在沈阳出差，那几天他少言寡语，心情沉重。陪同他的吴之真副政委和翻译邱明煜商量，请他喝酒散心。晚间，他们在沈阳宾馆买了些酒菜，边吃边聊。施涅金说：“苏共中央这个决定，我想不通，我们的仿制工作即将胜利完成，为什么这个时候要撤走呢？我是苏共党员，我必须服从组织上的规定，但在思想上，我是不愿意在这个时候撤走的。”说着说着，眼泪夺眶而出。

苏联专家撤走前夕，国防部五院领导宴请了他们。在祝酒辞中，五院领导说了很多真挚的感谢话语，并送给每位专家一件纪念品。送给施涅金的是一个九层转动的象牙雕刻球，他喜欢极了，说这是他一生中得到的最珍贵的礼物。

苏联专家撤走前一天晚上，吴之真和邱明煜来到施涅金的宿舍，与他话别。施涅金送给中方一本他撰写的关于液体火箭发动机设计的著作，并签了名。他说：“将来中苏关系恢复了，我还要到中国来，来看看老朋友。”

光阴荏苒。1993年秋，已经90岁高龄的施涅金不顾年迈体弱，自费来到中国。航空航天部领导接待并宴请了他。当年任国防部五院政委、后任国防科工委政委的刘有光，和当年任五院一分院政委、后任航天工业部部长的张钧，也分别接见了他。施涅金还约见了许多当年一起工作的老朋友，大家在一起愉快地交谈叙旧。

回国后一年多，施涅金因病与世长辞。

总的来说，苏联专家在一年半的时间里，对导弹仿制任务的促进和技术干部的培养，起到了一定的积极作用，为我们今后的自行设计打下了一定的基础。

1992年5月，朱森元（右四）第二次去莫斯科，在莫斯科的内部展览会上参观讨论

1992年6月，朱森元（左三）第二次到俄罗斯进行技术交流

1992年6月，朱森元（左二）随中国代表团参观 Люлько 设计局，并和俄罗斯专家在院内的加加林铜像前合影留念

朱森元在加加林铜像前留影

1992年6月26日，朱森元（右二）在热过程研究所的“喀秋莎”火箭弹研究纪念地与各位专家合影留念

1992年6月底，朱森元（前左一）与友人在莫斯科的餐厅用餐

1992年，朱森元（右一）等与俄罗斯专家在莫斯科农展馆前合影

1992年7月，朱森元（中）等在莫斯科河岸小憩

1992年7月12日，朱森元（前排右一）等陪同 Люлько 设计局来华访问的俄罗斯专家游览北京八达岭长城

1992年7月，朱森元（左一）与Люлько设计局的俄罗斯专家在北京八达岭长城脚下合影

1995年5月24日，朱森元在列宁山莫斯科大学前留影

1995年9月24日，朱森元（右）与莫斯科航空发动机中央研究院接待人员在“红场”合影

1995年9月底，朱森元第一次访问ЦИАМ，在莫斯科航空发动机中央研究院内参观俄罗斯吸气式发动机研究基地和郊区Тураев风洞试验基地

1995年10月初，朱森元在莫斯科大剧院前留影

然而，20世纪五六十年代，我国的工业技术基础非常薄弱，设计单位和承制厂在仿制过程中遇到了四大难题：原材料品种规格不全；生产设备不足；图纸资料不齐；工厂技术力量薄弱。面对这些困难，大家在如何仿制的问题上出现了不同看法。在1958年11月初召开的国防部五院党委会议上，一些同志主张走仿制飞机的路子，即先向苏联订购若干套散装件和原材料进行组装，然后在国内试制一些材料和元器件以替代部分外购材料和元器件，之后不断提高材料和元器件的国产化率，减少外购材料和元器件。这样既练了兵，提高了设计和生产质量，又可以按时完成任务，为国内厂家试制材料和元器件争取了时间。另一些同志则认为上述意见过于保守。因为我国的工业生产大多采用苏联的技术标准，P-2导弹中的很多材料、元器件都能在国内生产，即便一些材料和元器件暂时还不能在国内生产，添置或改造若干设备后，很快就能生产。所以，向国外订购一些原材料、元器件是必要的，但无须成套购买。在国内组织生产确实需要花费一些时间，甚至有可能推迟计划的完成时间，但这样做，一是节约了外汇，更重要的是，有利于掌握导弹仿制的主动权，减少或者避免外界的干扰或限制，当然也有利于我国今后的导弹自行设计以及工业生产技术水平的提升。

经过充分讨论，国防部五院领导最终统一意见，决定迎着困难上，发挥举国体制的优势，开展全国大协作，尽最大努力提高导弹材料和元器件以及生产设备的国产化率。今天回过头来看，如果当时国防部五院采纳了第一种意见，在苏联后来停止技术援助的情况下，我国航天工业的发展不可避免地会陷入更大的被动。

为了减少材料和元器件的外购比重，设计单位和承制单位通过全国大协作的方式，自行解决了仿制导弹所需的近2/3的金属材料和非金属材料。

其中，北京石油科学研究院在既无样品、又无其他技术资料的情况下，仅凭一份技术文件，硬是用含蜡量较低的克拉玛依油田的原油，研制出了凝固点在零下45摄氏度的L-1润滑油，解决了舵机用的液压油问题。A-3气瓶是为导弹推进剂箱体增压的重要配件，需要使用一种大直径的薄壁无缝钢管。而我国没有制造气瓶用的旋压设备，也没有对它进行热处理的重油正火炉，故难以生产所需的薄壁无缝钢管。科研人员克服困难，采用国产厚壁无缝钢管代料，依靠老工人的高超技艺，用车床加工的方法加工出了薄壁钢管。然后再采用自由锻造成型工艺代替旋压，用改造现有热处理设备的方法，制造出了完全符合技术要求的A-3气瓶。

在仿制过程中，无论是技术工人，还是设计人员，都捉襟见肘，能力素质不足以满足需求。以211厂为例，由于该厂是在飞机修理厂的基础上发展起来的，故铆接工有余，焊接工不足，但是，埋弧自动焊、合金钢点焊、铝合金点焊及手工自动氩弧焊等工种，又是仿制导弹必不可少的。为此，总装厂把数百名铆接工送到全国各地学习焊接工艺。211厂先后选派了36名技术人员参加了苏联导弹营在国防部五院教导大队举办的培训班，以提高技术工人的素质。从1958年5月开始，苏联派遣至一分院和211厂帮助仿制P-2导弹的专家逐渐增至30多人，211厂又不失时机地挑选了70多名技术工人跟随这些专家学习，并把专家的建议及时整理汇编，印发给有关人员学习参考。

尽管遇到了材料规格品种不全、生产设备不足、图纸资料不齐、工厂技术力量薄弱等非常棘手的问题，但仿制过程中遇到的最大困难莫过于赫鲁晓夫背信弃义，苏联单方面撕毁协议。1958年夏，因长波电台和联合舰队问题，中苏之间发生争执，苏联于1959年6月以苏、美、英等国正在谈判禁止试验核武器为借口，提出暂缓向中国提供原子弹教学模型、图纸资料以及一些重要原材料和关键元器件等。1959年9月底，赫鲁晓夫来华参加中华人民共和国国庆10周年阅兵式时，中苏双方的分歧进一步加大。1960年7月16日，苏联政府照会中国政府，决定自1960年7月28日至9月1日，撤走全部在华的苏联专家，同时停止发送建设急需的设备、关键部件等。8月12日，在国防部五院工作的最后3名苏联专家被撤走。

为了应对此重大变故，国防部五院王诤副院长亲自起草了《关于为“1059”试制生产中采用材料的请示》，并于1959年7月8日报送此前基于航委和国防部第五部（负责常规武器研制）组建起来的国防科学技术委员会（简称国防科委）。11月9日，负责国防科委工作的聂荣臻元帅召开专门会议，讨论了国防部五院的请示。

在意见讨论过程中，大家逐渐形成共识，认识到如果不能解决重要原材料、基础元器件、关键设备问题，中国尖端技术的发展就难以取得突破。因此，有必要组织全国大协作，开展重要原材料、基础元器件、关键设备的联合攻关，尤其是重要原材料的协同创新。两天后，聂荣臻元帅向中央军委及中共中央报送了《关于以自力更生为主，解决新技术所需材料问题的报告》。12月20日，中共中央向各省市和中央各部委发出通知，要求“必须下定决心，不失时机地解决这个问题，万不能耽搁了”。1960年年初，国防科委牵头在沈阳和哈尔滨分别召开了“三委四部”会议，提出了地地、地空导弹及其他新技术所需的新材料试制任务。到1960年上半年，仿制“1059”导弹所需的绝大部分材料都按技术要求试制成功。1960年至1964年，又试制出了金属和非金属材料4000多项，不仅为尖端武器的发展奠定了坚实的物质基础和技术基础，还带动了我国冶金、化学等基础工业的发展。

1960年11月5日9时许，我国仿制的第一枚代号为“1059”的导弹在酒泉导弹发射试验基地发射成功，7分钟后，弹头准确命中550千米外的目标区。12月，又成功发射了两枚“1059”导弹。“1059”导弹凝聚着中国人民自力更生的精神和不屈不挠的意志，它的成功发射，表明我国已初步掌握了导弹制造技术，同时也坚定了中国依靠自身力量发展导弹事业的信心。

3. 发愤图强，自行设计

1960年2月，中央军委召开第六次扩大会议，讨论并通过了《国防建设工作纲要》，提出了尽快突破“两弹”（导弹和原子弹）技术的任务，确立了“两弹为主，导弹第一，努力发展电子技术”的国防尖端技术发展方针，从而揭开了我国国防工业以自行研制为主的新时代的序幕。同月，国防部五院党委召开扩大会议，明确提出今后的研制工作由仿制转为东风二号导弹和红旗二号导弹的自行设计。

至此，新中国的火箭事业真正开始了。

在仿制P-2导弹的过程中，科研人员发现“1059”导弹的推力和射程还有潜力可挖。一分院第三设计部利用“1059”导弹发动机的零部件进行提高承载能力的试验，证明加大推进剂流量、提高燃烧室压力，可以提高发动机推力。他们对导弹的总体方案与弹体结构进行深入分析后认为，在“1059”导弹基础上进行一些改进设计，可以将导弹射程由550千米提高到1000千米左右。

在“大跃进”时代，“大干快上”成为一种风潮。有些人主张直接设计射程达1500～2000千米的中程导弹，而不是射程只有1000千米的中近程导弹。这就提出了一个问题，自行设计的第一步究竟该怎么走？是大步快跑，还是小步快走？

大家就这个问题展开了充分的讨论。大部分人认为，当时苏联决定撤走全部专家、停止提供技术资料和关键设备，而我国研究、设计、试制、试验所需的一些配套设施才刚刚开始兴建，科研人员力量不足，且缺乏独立研制经验，在这样的情况下，不应急于求成，先设计一型中近程导弹比较现实。为此，国防部五院建议先充分利用P-2导弹的仿制成果，尽快研制出射程为1000千米的中近程导弹。聂荣臻元帅批准了这一建议。

1960年8月，国防部五院召开方案论证会，批准了东风二号中近程导弹的总体设计方案。与“1059”导弹相比，东风二号导弹主要有三个方面的改进：一是加大发动机的推力。因弹体直径没有改变，就必须增大弹体的长度，以扩增推进剂贮箱的容量。二是减轻弹体的重量。主要是将液氧贮箱改为单层薄壁结构，尾段由钢结构改为铝合金结构，并采用小三角翼等。三是提高控制系统的精度。

尽管东风二号导弹是在“1059”导弹的基础上“爬高”，具有较大的技术继承性，但是在设计过程中仍然遇到了很多棘手问题。怀着“为国争光，为民族争气”的强烈责任感，在苏联撤走专家，停止提供重要原材料、基础元器件、关键设备的情况下，研制人员面对困难毫不气馁，群策群力，协同攻关，顽强拼搏，于1960年年底完成了全部初步设计。然而，当东风二号导弹总体和各分系统的设计图纸陆续下厂生产，并开始相关试验时，“大跃进”加上“三年困难”时期造成的粮食供应紧张变得越来越严重。物资极度匮乏，科研人员普遍营养不良，体质急速下降，七成以上的人患上了浮肿病。聂荣臻元帅得知这一情况后，利用老战友、老部下的关系，向各大军区紧急调集了一批鱼、肉、黄豆等食品，分配给科研人员。这些食品全部分配给了一线的科研人员，党政干部没有从中拿过一点。中央领导的亲切关怀、党政干部的廉洁自律，极大地鼓舞了科研人员战胜困难的勇气。

可是，国民经济面临着严重的困难是客观现实，在这样的情况下，一些领导同志认为，科技事业尤其是国防尖端项目花钱太多，影响了国民经济其他部门的发展，因此主张导弹、原子弹等国防尖端项目暂时“下马”。1961年7月中旬，在北戴河召开的国防工业会议上，主张优先搞飞机和常规装备，暂时不搞导弹、原子弹等尖端武器的观点逐渐占了上风。聂荣臻元帅深感不安，他当即赶到北戴河，耐心细致地找人座谈，说服沟通。他认为，仿制的近程地地导弹已试验成功，自行设计的中近程导弹正在研制，原子弹已开始基本理论和关键技术的攻关，只要齐心协力，加上政策措施得当，经过艰苦的努力，争取三年或再长一些的时间，突破“两弹”技术是完全可能的。北戴河会议结束后，8月20日，聂荣臻向中央呈送了《关于导弹、原子弹应坚持攻关的报告》。毛泽东、周恩来等中央领导对“两弹”不下马的意见给予了坚定的支持。研制东风二号中近程导弹的计划总算没有中途夭折。

聂荣臻元帅后来在其回忆录中写道：“为了摆脱一个多世纪以来我国经常受帝国主义欺凌压迫的局面，我们应该发展以导弹、原子弹为标志的尖端武器，以便在我国遭受帝国主义核武器袭击时，有起码的还击手段。同时，通过制定《十二年科学规划》和前一段研制尖端武器的实践，我们已经深感‘两弹’是现代科学技术的结晶。坚持搞‘两弹’，还可以带动我国许多现代科学技术向前发展。所以，我们不应该‘下马’，应该攻关，这就是我当时坚定不移的信念。”

为解决国防部五院人手不够，尤其是研究设计人员不足的问题，1960年3月，中共中央发出《关于迅速完成提前选调给国防部第五研究院应届大学毕业生的通知》，要求各省、市、自治区党委指定组织部部长亲自负责挑选审查，确保选调毕业生的数量和质量，以解决国防部五院人手不足，尤其是研究设计人员不足的问题。当年暑假，占全国高校毕业生总数11%的4000余名理工科大学毕业生来到了国防部五院，同时还有2000余名中等技术学校的毕业生。此外，军队还为国防部五院选送了4000余名技术类复员转业军人以及3000余名各类干部和服务人员。截至1961年3月，国防部五院在职员工人数迅速发展到27000余人。

朱森元1960年12月获副博士学位后，1961年5月，到国防部五院报到，任三部（发动机设计部）设计员。从1949年9月入读南京大学航空系发动机专业开始，到加入国防部五院三部任设计员前，在这10余年的时间里，朱森元一直在刻苦学习，努力钻研，为日后从事航天事业打下了扎实的学术基础。

东风二号导弹要求射程达到1200千米，我国当时的技术力量比较薄弱，要达到这个要求还有相当多的困难。而火箭发动机是迄今为止实现宇宙飞行的唯一动力装置，它在火箭中的地位，就像心脏在人体中的重要性，世界各航天大国无一例外，都是从研制液体火箭发动机起步的。我国液体火箭发动机的研制，经历了一条从仿制到自行设计、再到独立研制的发展道路，遇到的困难尤为复杂。

东风二号导弹发动机代号5D60，根据总体要求，第三设计部从1960年3月开始进行初步设计，重新设计在“5D52”发动机承载能力试验中所暴露出来的那些强度不够的零组件。为了进一步提高发动机的性能和可靠性，设计人员还修改了部分系统设计，采用了比“5D52”发动机更为先进的一些设计方案，对发动机机架及其他组合件也做了改进。

经过几个月的努力，到1960年12月，东风二号导弹完成了全部初步设计，总体和各分系统设计图纸下厂，发动机进行了大量的组合件研究试验和系统试车。1961年3月，“5D60”发动机半管结构热试车首次获得成功。1961年春天，东风二号导弹完成了系统的技术设计，5月，从初样生产转入试样生产。

经过艰苦卓绝的努力和各部门协同作战，东风二号导弹准备于1961年“十一”期间发射。为此，1961年5月8日，国防部五院和三机部建立了联合办公制度。22日，第一发东风二号导弹试装完毕。25日，聂荣臻到211厂视察，观看了试装好的导弹，要求技术人员严格把关，把问题搞透。在此前后，“5D60”发动机多次进行大推力试车。由于预燃室产生裂纹和燃烧主导管断裂等故障，发动机起火关机。几经改进，直到11月，才第一次通过了额定推力44.5吨、工作时间125秒的试车。第一批“5D60”发动机通过校准试车后，在抽检典型试车时，又发生了推力室裂纹等故障。但在研究分析时，被误认为是工艺质量问题，未能引起足够重视，仍同意交付装弹，为第一次发射留下了隐患。

1962年3月21日上午9时，东风二号导弹进行飞行试验，起飞后几秒钟，导弹即呈现出较大的摆动和滚动，并明显地偏离射面。不久，发动机起火，火苗从尾舱窜出。接着，发动机关机熄火。火箭只爬升到600多米便开始下落，最后坠毁在离发射台不远的地方，地面被炸出一个深4米、直径22米的弹坑。巨大的爆炸声震动了在场的所有人，每个人心情都很沉重，有的人甚至流下了伤心的眼泪。大家心里都在问：起飞前测试一切正常，火箭试飞为什么会失败？

东风二号导弹首飞试射失败，我国自行研制导弹工作遭到了暂时的挫折，部分设计人员情绪十分低落。在此情况下，发动机设计部及时传达了聂荣臻元帅“要认真总结经验教训，但不要追究责任，因为是试验就有失败的可能”的指示，要求大家不要泄气，要坐下来冷静思考、查找原因，采取对策。这种信任与鼓励，使年轻的航天事业开拓者们深受感动。

经过初步分析，总结导弹发射失败的原因，一是没有将弹体作为弹性体来考虑；二是发动机强度不够，导致结构破坏而起火。通过故障分析，科研人员还深刻认识到，液体火箭发动机的自行研制与仿制有着重大差别。首先，中近程火箭发动机是与

“1059”发动机有很多不同的新型号，一个新型号的诞生，必然要经过不断试验、改进，再试验、再改进的曲折过程。其次，发动机是一个复杂的系统，试验研究必须从零组件开始，整个发动机系统的任何一个部件和环节都不能忽视，必须进行地面试验验证。第三，整个发动机系统，从零组件开始，必须制定严格的验收标准，这是保证设计、生产和试验质量的重要措施，也是保证整个发动机质量的重要措施。

从失败中得到的教训往往比成功的经验更宝贵。国防部五院为确保东风二号导弹再次试验成功，采取了一系列行之有效的整改措施。一是抢建急需的研究试验设施，加强预先研究；二是健全各项研制管理制度，尤其是技术责任制；三是修改导弹设计方案，加强地面试验工作，不带疑点上天。经过修改设计后研制出的导弹，增加了弹体强度，改善了发动机结构，先后通过了17项大型地面试验，包括发动机性能和可靠性试车、控制系统与遥测系统的匹配试验、全弹振动试验和多次全弹试车，等等。

1964年5月25日，东风二号导弹再次运往酒泉导弹试验发射基地。6月29日，我国自行设计的中近程导弹再次进行发射试验，获得了成功。7月，国防部五院又进行了两次同型号的导弹发射试验，均获成功。这一系列的成功表明，中国已经掌握了导弹设计的基本理论与方法以及质量管理基本规律，并依靠自己的力量实现了导弹生产关键技术的突破，为后来东风三号导弹的独立研制打下了坚实的基础。

4. 术业有专，锋芒初露

东风三号导弹原来称为东风一号导弹，1964年3月，正式定名为东风三号。国防部第五研究院成立不久，就把这个型号列入规划任务。1962年5月，国防部五院党委决定在东风二号导弹问题尚未弄清之前，先不考虑东风一号导弹的总体设计。6月，又明确东风一号导弹暂不作为型号研制，只进行“5D10”发动机和控制系统惯性器件等单项预研工作。1964年3月，总参谋部和国防科委颁发了经中央军委批准的各种导弹、火箭的命名和代号编排方法，将原东风一号导弹改称为东风三号导弹。

东风三号导弹是我国独立研制的第一个导弹型号，其发动机完全不同于东风二号的发动机。发动机冷却技术不过关，成为制约新型号研制进度的瓶颈。20世纪60年代初进行的几次试车，发动机推力室喉部附近经常出现烧蚀故障。在发动机冷却技术这个问题上，初出茅庐的朱森元发挥了重要的作用。

世界航天大国在火箭发动机技术的发展过程中都曾经遇到过这一难题。法国人用偏二甲肼做冷却剂，也未能避免发动机的喉部烧蚀，后来不得不改用喷水冷却，让火箭携带一个巨大的水箱，十分笨重。这种比较原始的方案直至20世纪90年代在著名的阿里安4火箭上仍然沿用。

我国在1964年开始新型号方案论证时，发现美国“大力神”Ⅱ火箭的主发动机使用四氧化二氮和混肼-50（偏二甲肼和无水肼各50%混合而成）作为推进剂，但混肼-50使用起来很不方便，它必须在接到命令前临时混合才能使用，优点是其性能较好。国内对新型号要不要采用混肼-50展开了激烈的争论。朱森元和他的同事们在试验中发现偏二甲肼的性能并不亚于混肼-50，并且在超过临界压力时，偏二甲肼的性能更加稳定，因此建议可以将偏二甲肼作为燃料，替代混肼-50。原因在于混肼-50含有无水肼，在管道清洗中只要遇到非常微量的铁元素，无水肼就会迅速催化分解而发生爆炸。因此用混肼-50这种燃料，操作人员的安全很难得到保证。根据这一研究结果，加之1965年中央军委决定提高东风三号导弹的射程，经论证决定，东风三号导弹发动机推进剂最终确定选用偏二甲肼，“基础性的东西一旦研制成功，为型号的开路创造了条件，也可少走弯路”。

50余年过去了，已是耄耋之年的朱森元回忆起往事，当年东风三号导弹研制所遇到的艰难坎坷仍历历在目。当时，我国既不掌握这个技术，也没有这方面的资料，甚至没人见过偏二甲肼和无水肼，大家只是从国外资料的报道中得知，这是用于火箭发动机非常好的燃料，而且偏二甲肼和四氧化二氮一碰就着，不需要点火器，燃烧非常迅速。美国人用的混肼-50和四氧化二氮也是一触碰就可以燃烧。

这当然是件美妙的事情，当时有人主张仿照美国使用混肼-50。但问题是，美国人成熟的技术不是我们自己的经验，更何况采用美国这个方案就必须有两个工厂，分别用以制造无水肼和偏二甲肼。

这两种燃料都有很强的毒性，很容易爆炸，非常危险。即使最终仿照美国取得成功，仅这两种燃料的生产、贮存等环节，就是巨大的负担。美国人虽然成功了，我们自己的道路并不平坦。

但是，推进剂发展规划的大原则是确定的，用四氧化二氮作氧化剂已是定论。所以必须从无水肼、混肼-50和偏二甲肼三种燃料中选出一种作为冷却剂，这是发动机冷却问题的关键。

这个问题确定不了，大家都十分着急。任新民经常和研究人员一起商量，他十分忧虑："如果不能用燃料做冷却剂，怎么办？难道只能用氧化剂四氧化二氮做冷却剂？"是啊，真正的专业人员都知道，四氧化二氮做冷却剂，腐蚀性太强，相关结构受到腐蚀的问题无法解决。

任新民对任何技术难题都有一种执着精神，他对美国人、法国人使用的这种燃料一定要搞个水落石出。有一天，他把有关技术人员找到一起商量对策，突然，他看了一眼朱森元，说："你们设法搞清楚，法国人为什么使用了偏二甲肼，最后却放弃了，改用水冷却？"此时，朱森元刚从苏联留学回来，分到三部工作不久，心里不免感到一种前所未有的责任感。事实上，当时谁也无法回答任新民的这个问题。

技术、资料都没有，基本是从零开始。所幸的是，十一所有一支学有专长、积极进取的研究队伍，也有各级领导的大力支持和亲切关怀。国家正迎来百废待兴的历史机遇，生产建设如火如荼，在东风三号导弹这样的国家任务面前，各单位都能够唯才是举，人尽其用。为了这个重点型号，十一所还专门组建了新的第七研究室。这个新七室，集中了优势力量，堪称最强阵容，其中的一百多人很多来自清华大学、北京大学、中国科技大学等高等院校，此外就是从各国留学回来的高才生。

新七室的工作专长是理论计算，一共有8个组：空气动力学计算组、传热计算组、水力计算组、固体力学强度计算组，此外还有发动机性能计算的3个组和一个从事推进剂研究的化学组。

从苏联回来不久的朱森元，分到了新七室的传热计算组。几年前，他在莫斯科汽车机械学院毕业的时候，因为成绩优异，尤其是在热力学方面表现出的特殊才能，被教授推荐到鲍曼高等技术学校读研究生。在这里，朱森元选择热力学专业进行深造，并顺利获得了副博士学位，这是应届毕业生在苏联可以获得的最高学位。从1949年进入南京大学航空系学习，到鲍曼高等技术学校毕业，朱森元接受了长达11年之久的高等教育，工程方面的理论知识扎实全面，为日后科研工作取得显著成就打下了基础。

东风三号导弹发动机的烧蚀问题是新七室必须面对的问题，也是朱森元在实际工作中遇到的第一个挑战。在大家的共同努力下，问题最终得以圆满解决。朱森元在传热学理论方面的卓越才能，在此时开始显现出来。

偏二甲肼、无水肼的电传热学试验是当务之急，朱森元和同事们一起开始筹建我们国家自己的电传热试验台。试验需要一个很大的直流电机，电镀工业用的一种特殊的直流电机符合需要，为此，他跑到上海、南京，采购到了需要的电机，便迫不及待地回到单位。

很快，钱学森副部长通过外经委李强部长，绕道香港，从瑞士买来了偏二甲肼和无水肼。两种推进剂送到云岗有关试验研究单位，偏二甲肼散发出的臭鱼腥味，让朱森元无法忍受，他恶心得直呕吐。但他没有考虑个人安危，始终坚持工作，在接下来的一段日子里，把自己全部的心思都用在了这种令人窒息的推进剂上。

从1961年年底到1963年，朱森元和同事们进行了大量的电传热试验，发现了很多新问题。国际上关于临界热流方面的数据都来自试验，一直无法从理论上计算热流。

20世纪30年代，随着炼钢工业和大功率动力装置的发展，高压、高流速沸腾换热研究已经兴起，朱森元在苏联留学7年，尤其是在鲍曼高等技术学校，学校的专业氛围使他受益匪浅。苏联当时发展核反应堆，用于原子能发电，其中一些传热方面的实验数据和火箭发动机喉部的热流密度很相近。苏联的这些资料已经公布，鲍曼高等技术学校在这方面有得天独厚的条件，正在读研究生的朱森元积累了许多传热试验资料。当时他认为这是专业学习的分内之事，不带有任何功利色彩。

不过，苏联的这些数据是原子能发电方面的，使用的是水冷却，并不能用于火箭发动机。但热流密度毕竟是一个通用的物理概念，具有普遍性，可以对我们的工作有所参考，只是需要结合火箭发动机实际使用的冷却介质。

朱森元参考着从苏联带回的试验数据，重新试验。毕竟是传热试验，这是他的专业所长，许多相关的理论知识不时在他的脑海中闪现。他认真地做试验，认真地思考，烧蚀发生的临界热流到底有多大，这个热流也可以用试验测得，但代价太大了，他不甘心，他想直接计算出这个数据，再用试验检验计算结果与实测数据是否有误差，如有误差，误差多少。这样，要做的试验就会少得多，目的也明确得多。

在传热学理论分析过程中，朱森元发现外国学者坚持使用换热系数仅和雷诺数有关的传统理论。而沸腾换热过程换热系数仅和佛鲁特数有关，和雷诺数无关，他们分析实验数据时被误导了，所以得不出正确的物理规律来。朱森元用换热系数和佛鲁特数有关的方程式，整理自己的实验数据，得出的物理规律非常正确。他还发现，外国人做的各种冷却剂实验数据亦有相同的物理规律，这就证明，各种冷却剂的换热系数和佛鲁特数有关的公式是通用公式。这是传热学中的重大发现。火箭发动机的冷却问题从此可以通过理论计算解决，发动机的结构设计有了理论依据。任新民对此大加赞赏。东风二号以及随后的东风三号、东风四号三个导弹型号火箭发动机的试车故障分析和冷却问题都可以用计算方法来解决。

1964年1月25日，国防工办同意将东风三号导弹研制任务列入国家计划。5月，一分院召开近900人参加的东风三号导弹动员大会，传达了国防部五院党委关于东风三号导弹设计工作的有关指示，部署了全盘工作。7月29日至8月3日，五院党委和一分院党委召开了两级党委联席扩大会议，着重讨论了东风三号导弹的总体方案设想，确定了东风三号导弹的技术途径与总体设计方案，要求于1968年进行飞行试验，1970年定型。1965年3月，中央专委第十一次会议原则批准了东风三号导弹总体设计方案和战术技术指标。导弹采用可贮存的硝酸与偏二甲肼作为推进剂，发动机地面额定推力为104吨。要求1967年开始飞行试验，1969年正式定型。

1966年12月26日，东风三号导弹进行首次飞行试验。从飞行试验的情况来看，在111.2秒以前，各系统的工作是协调的，各参数也是正常的。在111.2秒以后，由于发动机组Ⅱ分机发生故障，推力突然大幅度下降。但这次飞行试验已经达到了考核方案设计的正确性与协调性这个目的，飞行试验基本成功。1967年1月12日，东风三号导弹第二发遥测弹再次发射，当导弹飞行到临近发动机关机时，发动机组Ⅱ分机又出现推力大幅下降。两次飞行试验，问题都出在发动机上。十一所的科研人员根据两次出现故障的相同情况，经过初步分析和地面试车，认为发动机燃烧室身部内壁在长时间工作后，产生了很大变形而撕裂。

第一次、第二次飞行试验出现发动机推力下降的故障后，为了彻底解决发动机的问题，十一所集中各方面力量，通过数据处理、理论分析与模拟试验，层层深入地分析故障产生的原因。为了使分析、推理与试验结果更加准确，同时决定深入弹着区，寻找残骸。任新民带领7位科技人员，汇同基地40多位战士深入茫茫沙漠，经过5天的搜索，历尽艰辛，终于找到了残骸。

据当时参与残骸搜寻的杨德华回忆，弹头飞越塔克拉玛干沙漠之后，落在塔克拉玛干沙漠边缘，与塔克拉玛干沙漠一山之隔。此地较为平坦，设有弹头回收观察站，汽车可以在上面缓慢行走，便于寻找和回收。

尽管如此，沙漠里的地形非常复杂，很容易走失或迷失方向。高低不平的沙丘、沙梁、沙沟和沙坑，交织在一起，每前进一步，不是上就是下，队员们累得气喘吁吁。特别是上沙丘时，脚踩着流沙，一步一滑，非常吃力，若绕着沙梁迂回前行，花的时间就更多了。在这样复杂的地形中，必须要随时和同伴保持联系，否则很快就看不到队伍的踪迹了。

搜索队进入沙漠腹地，沿着导弹飞行的方向徒步搜索。三四人一小组，排成横队平行向前推进。沙丘高低起伏，有的高达上百米，搜索队员们只能不断爬上爬下，一天搜寻下来，疲惫不堪。直到第四天下午，一位战士发现了一块茶杯大小的黑色金属残片。经随队的发动机主任设计师马作新鉴别，确认其为发动机残骸，这给搜索队员极大的信心。大家继续沿着既定的方向仔细搜寻。第五天中午，一块大的发动机燃烧室残骸被发现。紧接着，其余三个燃烧室和重要的零部件残骸也都被找到。

这是宝贵的物证，是用于科学分析的第一手材料。各种结果表明，发动机推力下降是由于推力室内壁撕裂引起的。工作条件恶劣、结构强度不够、钎焊质量不高等导致集合器部位热应力腐蚀。另外，由于发动机地面试车时间短，全程试车次数少，因而一些薄弱环节未能在地面及时暴露。

经过改进设计，发动机再次装弹。1967年5月26日，东风三号导弹进行第三次飞行试验，导弹完全按预定程序飞行，各系统工作正常、协调，弹头命中目标区，试验获得了圆满成功。6月，东风三号导弹第四次飞行试验也取得了成功。

经过改进，发动机寿命由186～195秒，提高到300～500秒，在以后的历次飞行试验中，发动机再也没有出现推力下降现象。

01批导弹飞行试验完成后，东风三号导弹发动机随即转入02批研制。1968年，正值“文化大革命”高潮时期，一院的科研工作受到了派系斗争的严重干扰。在6月8日的大规模武斗流血事件中，著名材料专家、材料工艺研究所（一院703所）所长姚桐斌被毒打致死。不久，首都工人毛泽东思想宣传队和解放军毛泽东思想宣传队进驻一院，随后一院开始进入“斗、批、改”阶段。

即使在如此逆境之中，不少干部、科研人员和工人仍坚守着自己的工作岗位。在他们的艰苦努力下，1968年12月18日，02批第一发遥测弹成功完成了全程飞行试验，射程超过2500千米。1969年1月4日，第二发遥测弹飞行试验再次获得成功。这两次飞行试验的成功，表明改进的东风三号导弹发动机达到了预期目标。它的成功，既是中国地地导弹发动机发展史上的一个重要里程碑，也是中国液体弹道导弹火箭发动机技术走向成熟的一个重要标志。

在这一里程碑式的成功里，朱森元和他的同事们在传热学理论和实践方面做出了重要贡献。

朱森元

朱森元院士传记

Academician Zhu Senyuan's Biography

第四章

氢氧发动机的预先研制

失败与科学研究如影随形，在氢氧发动机预研过程中，朱森元深切体会到了这一点。他曾多次讲过：“科学试验失败最多的时候，往往就是将要突破的时候。”

1. 自主创新，立项实施

1964年11月，中央决定，国防部第五研究院，同原属第三、四、五机械工业部及其他有关部门和省、市的若干工厂和事业单位合并组建第七机械工业部（简称七机部），统一管理导弹、火箭的研究、设计、试制、生产和基建工作。1965年1月，王秉璋被任命为七机部部长。同时，七机部决定将国防部五院先后成立的一、二、三、四分院，相应地调整为第一、第二、第三、第四研究院。之后不久，原国防部五院有军籍的人员集体转业。七机部也拟定了酝酿多时的《地地导弹“八年四弹”规划》，明确提出在1965年至1972年的8年时间里研制出4种新型导弹，即中近程、中程、中远程和洲际导弹的奋斗目标。1965年3月20日，周恩来总理主持召开中央专委第11次会议，原则批准了七机部提交的《地地导弹发展规划》。“八年四弹”规划的开始实施，是我国战略导弹和运载火箭研制进入快速发展阶段的重要标志。

十一所研制氢氧发动机的课题开始于1965年4月底。那个年代，以液氧、酒精为推进剂的东风二号导弹发动机已研制成功，使用可贮存推进剂的东风三号导弹发动机的研制工作已进入成功阶段，并开始东风五号导弹发动机的研制。

根据航天事业发展的需要，火箭发动机的研制尤其要率先进行。因此，研制高能推进剂的发动机就提上了日程。

早在1958年，中国科学院力学所（所长钱学森）就在北京怀柔县开始筹建液氢液氧火箭发动机研究试验基地。1960年秋，研究试验人员在基地开始了研究工作。1961年5月18日，由钱学森所长主持会议，明确两大重点研究内容：一是研究氢氧的燃烧技术，二是研究液氢和液氧的传热问题。1961年，国防科委根据钱学森的建议，成立140专业组，研究发展液氢在火箭上的应用问题。1962年6月在国防部五院一分院101站筹建液氢低温技术研究室，其主要任务是建立液氢生产车间和开展相关的低温技术研究。1963年，中科院怀柔基地完成第一个气氢/液氧燃烧试验件生产，并在新建成的挤压式试车台上开展了试验研究，推力为200千克。1964年，怀柔基地将燃烧试验件的推力提高到500千克，试验没有成功。到1966年“文革”开始，研究工作全部停止。

1964年年底，全国开展“三线”建设动员，很多研究任务都要进行重新调整，101站的液氢低温技术研究室被列入调整单位。五院副院长钱学森得知后，进行干预，才得以保留下来。

1965年4月，一院十一所组建氢氧发动机研究小组，他们一面收集整理国外情报资料，一面派几位设计人员去中科院怀柔基地参观学习，不久也设计一台200千克推力的气氢/液氧燃烧试验件在怀柔基地进行了热试车。“文革”开始后设计的一台800千克推力液氢液氧的试验件则停留在了图纸阶段，没有投产。

据原十一所氢氧发动机系统组组长、一院院办副主任闻毛南回忆，1965年4月底的一天，十一所科技处处长曾觉先通知他们到任新民办公室开会。会上，任新民谈了当前火箭发动机的研制情况和对未来高能火箭发动机的设想，向他们交代了开展氢氧发动机研制的前期工作，并宣布成立氢氧发动机研究小组。小组成员由刘景生、王晋桦、邹约翰和闻毛南组成，刘景生任组长，闻毛南任副组长。到1966年，人员扩增到13人。“文革”开始后，氢氧发动机研制工作陷入停顿。

1965年9月，国防科委在上海召开了140-3次专业组会议，一院有关单位参加，铁道部以及燃化部有关机关人员也参加了会议。会上确定101所除加快液氢生产车间的建设外，还要负责研制真空多层绝热的液氢贮箱。铁道部负责研制铁路运输槽车（代号140车）；燃化部负责液氢工业生产。这些液氢贮存、运输设备都是液氢液氧火箭发动机试车的必要条件。在上海召开的140-3次专业会议，大大促进了液氢低温技术的发展。1966年9月14日，101所液氢低温技术研究室负责研制的100升/小时液氢生产车间的设备调试成功，并成功生产出液氢。

我国最早生产液氢的单位是中科院物理所低温物理研究室。该室1956年在北京市东黄城根实验室有一台10升/小时液氢生产装置，主要是为一些协作单位提供液氢低温源。这是用具有工业生产性质的液氢生产流程装置调试成功的液氢产品。后由于“文革”进入高潮，不论是一院的氢氧火箭发动机预先研究工作，还是中科院怀柔基地的研究工作，全都停了下来。

1970年4月24日，我国第一颗人造地球卫星发射成功后，随即提出了“三星一船”的发展规划。

同年10月，一院副院长任新民主持召开会议，确定由东风四号加一个氢氧级来运载通信卫星的设想。随即，101所恢复了液氢生产车间的调试工作。总体设计部发来了氢氧发动机设计任务书征求意见稿。任务书第一步要求氢氧发动机一次启动，真空推力4吨，由燃气舵做推力向量控制；第二步要求二次启动和双向摇摆。这就是YF-70氢氧发动机的任务来源，也是氢氧发动机预研工作的开始。

20世纪70年代初期，在导弹和火箭上使用氢氧发动机的只有美国。由于具有常规发动机无可比拟的高性能，氢氧发动机在航天技术中占有极重要的地位，所有工业发达国家都希望早日突破氢氧发动机技术，从而使自己国家的航天技术处于领先地位。而我国在20世纪70年代初期开展氢氧发动机的研制，无疑是一项卓有远见的决策。

2. 大力协同，“三结合”创奇效

1964年5月，朱森元开始担任十一所一室的副主任。这个一室由新七室改组而成，从事发动机性能的总体计算和发展规划工作。后来，一室搬到了秦岭山区，用于传热计算的设备也全部搬走了；还从别的研究所新合并来一个研究室，从事固液火箭发动机研究，就是当时的十二室。液氢液氧发动机工程设计组也放在十二室（氢氧发动机研制室）。

受“文革”的冲击，刚刚成长起来的航天队伍，被派系斗争分解得七零八落，氢氧发动机的研制工作也陷入停顿。朱森元在百无聊赖之中感到痛心疾首，本待乘胜前进，然而到处是武斗的高潮。他两耳不闻窗外事，一心只扑在研制工作上，尽管环境动荡不安，但他仍抓住一切混乱的空隙继续从事自己的科研工作。

然而在那动荡的岁月里，想不受打扰地进行科研工作谈何容易！朱森元

“吃过洋面包，上过苏修报纸”的历史，引起了“革命派”的注意。他们怀疑朱森元是“苏修特务”，朱森元辩解说，哪有把自己派遣的特务在报纸上公布的道理？尽管多方审查，也没有什么证据，但在“革命派”看来，怀疑，就是最大的证据。1969年4月，朱森元刚做完第二次声带瘤切除手术，还没完全恢复讲话，就被叫到工宣队的办公室，工宣队通知他到北大荒军垦农场接受再教育。好心人提醒他：“大家都去‘五七’干校，唯独你一人去农场，可见历史问题严重，怕是回不了火箭研究院了。”

朱森元是性格内向、感情坚强的人。告别相知相爱的妻子，他不委屈；离开刚刚6岁尚不懂事的儿子，他不委屈；而被迫离开自己心爱的航天事业时，他委屈地流泪了。这正是我国航天事业大展宏图之时，也正是朱森元等人精力旺盛、技术成熟之年，就是在这年，苏联“联盟”4号、5号两艘载人飞船在太空首次实现对接，美国航天员阿姆斯特朗则乘“阿波罗”11号飞船踏上了月球。世界航天技术在不停顿地发展，而我国氢氧发动机的研制却几乎陷于停滞。在即将被封的宿舍里，朱森元面对着一大堆他多年悉心收集整理起来的书籍、资料依依不舍。离开的时刻终于到了，火车的一声汽笛，像是祖国母亲的叹息，伴着朱森元和一群同病相怜的

“臭老九”来到了荒凉的北大荒。

神奇的北大荒土地上来了一群奇特的“农民”：太阳下，一副副老式框架眼镜在闪光；一双双拿惯了钢笔和计算尺的手，正面朝黑土地用原始的方法在插秧；一张张黑瘦的脸上，流露出困惑、疲惫的神情……朱森元因年纪略大，被照顾到炊事班养猪。他从早忙到晚，一点不敢怠慢。一头老母猪要临产了，细心的朱森元马上抱来棉絮和稻草，在冰天雪地里守了一个晚上，终于接生下了八只可爱的猪娃娃。

北大荒条件艰苦，在人的生存需要面前，朱森元创造性的思维和习惯性的动手能力发挥了突出作用。他将黄豆用温水浸泡后发成黄豆芽，还用从故乡的豆腐坊那里学到的半生不熟的手艺，开始试验做豆腐，并将传热学知识用在那两扇推不多久就被冻住的磨盘上。中国知识分子有着极强的忍耐性和适应能力，能在艰苦的条件下研究尖端技术，也能在一无所有的环境中创造生活。

在纪念党的“九大”召开一周年之时，1970年4月25日，正在地里干活的朱森元从广播中听到了一条爆炸性新闻：中国成功地发射了第一颗人造卫星！在一片“文化大革命的胜利凯歌”中，他听到了国外权威人士根据卫星的重量和入轨精度所作出的判断：“这显示出中国掌握了先进的火箭技术和制造大型火箭的技能。”站在东北的原野上，朱森元久久地仰望太空，心情无比激动。当年目睹过这颗卫星在太空运行的人们也许还记得，在那颗移动的卫星之后，还跟随着一个略暗的亮点，那就是运载这颗卫星的末级火箭，那上面有朱森元等人的心血。如今，运载火箭把卫星送上了天，而研制运载火箭的中国工程师，却在北大荒、倚着粪铲看自己的产品在天上飞行，这不能不说是一个绝妙的讽刺！

“文革”中，尽管我国航天科研体系受到了冲击和破坏，但在毛泽东主席和周恩来总理的亲切关怀下，一大批航天老专家受到了保护，航天工业在艰难中得以继续发展。任新民，这位留美博士、中国第一代火箭专家，航天战线的最高技术指挥员，就是被指定为重点保护的专家。科学的进步，需要有科学的预见性；固步自封，邯郸学步，按部就班，永远不会拥有世界先进水平。刚刚从酒泉卫星发射场赶回来的任总，此时的头脑里已开始筹划通信卫星的研制方案。他已清楚地看到氢氧火箭发动机是未来火箭的发展方向，必须从现在开始加快预研步伐，争取不久的将来把它列入通信卫星的总体工程中。而谁来承担这项艰巨的任务？任总想起了朱森元，这位工作成绩显著的副博士，如今在哪里呢？

1970年我国第一颗人造卫星“东方红一号”升空之后，有关部门开始对后续的卫星发展进行规划，距地面36000千米的静止轨道通信卫星就是中国航天要发展的重点任务之一。而要发射这样的高轨道卫星，液氢液氧发动机技术就必须取得突破。1970年8月，在北大荒下放的朱森元奉命调回北京，负责新型氢氧火箭发动机研究。终于回到了阔别一年多的首都北京，此时，朱森元已年届40，虽然恶劣的环境和劳损给他留下了风湿性关节痛的毛病，但他的心却像20多岁的小伙子一样满怀着希望——重新有了工作的机会，对于一个知识分子来说，没有比这更重要的了！

当时的工作程序比较混乱，没有任命，直接让他做氢氧发动机研制室的负责人，主管氢氧发动机组和固液发动机组。后来，国防科委开会决定固液发动机组单独成立研究室，搬到京郊云岗，留下了氢氧发动机组。朱森元在十二室作为负责人，一干就是近8年，直到1978年3月，才被正式任命为十二室主任。作为十一所（北京）氢氧发动机研制室负责人，朱森元亲身经历了氢氧发动机从预研到成功实施的各个阶段，并付出了大量艰辛的努力。

“文革”期间，由于建设“大三线”的需要，十一所绝大部分人员都迁到了陕西秦岭的大山里。北京仅留下一个工作组，力量十分薄弱。氢氧发动机作为一种新型发动机，大家对其认知很有限，甚至对液氢和液氧的特点及其物理化学性能都知之甚少，什么都要从头学起。朱森元从北大荒回到北京，作为十二室负责人主管氢氧发动机研制工作，刚开始的时候难度很大，根本没有进入实质性的研制工作，只是画画图，学习学习资料。

不仅科研条件比较差，而且连身强力壮的技术人员也大都去了“三线”，留在北京的都是体弱多病、或者政审不合格而去不了“三线”的技术人员。朱森元的手下有23个人可供调配。本来氢氧发动机就是白手起家的高难项目，偏偏是这样一群“老弱病残”去啃这块硬骨头。有人笑话他们说：“就凭这帮人，还能搞氢氧发动机这么尖端的技术？”为此，一院流传着一句顺口溜，说他们是《沙家浜》里胡传魁刚开张的队伍——“七八个病号，三五条枪”。朱森元不知道这个典故，问别人什么是“七八个病号，三五条枪”。有人告诉他：“七加八多少？十五是吧。三加五多少？八。一共不就是你们23个人吗？” 原来，所谓“七八个病号”是说他手下15个病号和“靠边站”的人，七加八等于十五，剩下8个人算是强壮点儿的，就是“三五条枪”了。这都是去不了“三线”被淘汰下来的人。对此，朱森元又好气又好笑地说：“你们看着，我们会把问题一一解决掉。”

摆在他们面前的是科研生产的“无政府”状态，而且20世纪70年代是计划经济时代，很多任务没有计划管理部门参加是不能成为计划项目的，因此也不为行政领导所重视。当时的211厂计划任务很多，都是国家级的重点生产任务。氢氧火箭发动机是发展规划中刚刚列入的预先研究任务，不可能被211厂的生产管理部门所重视。氢氧火箭发动机如何开展预先研究工作呢?

朱森元认识到解决氢氧发动机研制问题不能坐在办公室，而要到生产一线去，恰好这个时候军管会提出，知识分子要和工农兵相结合。他想到，试制工厂有些设备可以利用，于是提出用边设计、边试验、边生产的“三结合”模式搞预研，得到了有关方面的支持。

朱森元先去生产车间进行调查，在调查中和工人们商量：“我们有些试验件，只需要生产少量几件，能否插空安排一下？”工人们都肯定地回答：“完全有可能。只要设计人员跟着图纸走，并由工艺员配合，编制好生产工序，一点问题都没有。”这不就是知识分子和工人“相结合”的研制队伍吗？在当时的政治潮流下，这是非常符合潮流的研制形式。

朱森元回到所里，向军管委汇报了下厂调查的情况和自己的想法，立即得到了军管委领导的同意，并派出一名副主任直接领导“三结合”研制工作。211厂的道路旁、厂房上都贴满了欢迎他们的巨幅标语：“欢迎知识分子和工人相结合。”

1970年12月15日，十一所召开会议，成立了氢氧发动机“三结合”研制队伍，设计、试验、生产三个方面单位的技术骨干参加，认真讨论氢氧发动机的技术指标、研制设想等问题。会议决定，设计人员将办公桌搬到对口车间，和工厂的工艺人员、工人结合，按照五台发动机配套的部件投产，保证方案研究阶段的试验件需要。由于技术人员的事业心都很强，都能吃苦耐劳，工人师傅很欢迎知识分子和他们结合，很支持氢氧发动机的预研工作，因此预研工作开展得很顺利。在管理人员和工人师傅的共同努力下，氢氧发动机的轮廓一步步清晰起来。

实践证明，“三结合”的研制队伍确实极大地推动了氢氧发动机的研制工作。由于朱森元等和设计人员的全身心投入，生产工人深受打动，试验件生产没有经过生产科长等层层环节，朱森元天天拿着白图直接找工人，他们都愿意给他干活，只要一看图纸能干，就爽快地答应，遇到自己干不了的工艺，便会带着朱森元去找能干的人去加工。朱森元熟悉每台车床的生产任务，有型号任务的，他们不敢去影响，但凡有空闲的车床，他们就能找到工人师傅去帮他们干活。因此，朱森元带着试验件的零部件满工厂跑，他的零件到哪里，哪里就给他生产，昼夜不停，试制工作非常顺利。

开始设计氢氧发动机试验件时，大家都没有把握，只能单件投产。为了加快研制试验进程，设计人员省略了晒图等环节，用白图跟着生产路线走。800千克推力的氢氧燃烧室试验件图纸早已下厂，一直没有进展，“三结合”队伍下厂后，不到一个月就生产出来了。

当时从中科院力学所调来一个液氢的贮箱，液氧则在101所液气厂生产。1971年1月16日，在101所进行了第一次液氢液氧燃烧试验，部领导亲临现场观看试验，大家受到了极大的鼓舞。第一个试验件的推力是800千克，取得了成功。虽然第一次试验只进行了20秒，但毕竟成功了。七机部军管会副主任杨国宇高兴极了，这位长征时期的老干部，忘掉自己已经是个老人了，兴奋得像小孩一样跳了起来。大家也被杨国宇副主任感染了，拼命地高呼“毛主席万岁”，尽情地宣泄着兴奋与自豪。适逢知识分子和工农兵“三结合”的大环境，朱森元被派到各个单位去作报告。但他更关心技术工作，所以，在几个系统做完汇报后，他便躲到生产的第一线去，大家很难找到他。

但工作进展并不是那么顺利，液氧液氢通过同轴线的同心环喷嘴进行燃烧，当试验件返回车间检查时，大家发现全部同心环喷嘴都歪了。经过认真分析后知道，燃烧室头部面板用不锈钢制造，工作中，面板的一面和高温燃气接触，另一面和低温液氢接触，两者温差太大而变形，把同心环喷嘴变成不同心了。为了解决这一问题，大家开始查找资料，进行调查研究，最终用某预研型号发动机补燃方案剩余的几块发汗面板，解决了燃烧室头部面板的温度变形问题。

第二次试验又取得了成功。钱学森派秘书去找朱森元，朱森元在211厂的车间里，秘书怎么也找不到他。有一次，朱森元骑自行车上班，到研究院大门口时，正好被钱学森的秘书碰见，他马上拦住朱森元说道："你跑哪里去了？赶紧告诉我情况，我要立即向钱学森部长汇报。""试验很好，没问题，就是振动大了一点。"听到液氢液氧燃烧试验成功，而且推力还不小，钱学森很高兴。

3.敢于负责，果断决策

氢氧发动机方案论证一开始，就遇到涡轮泵总体设计方案之争。若采用齿轮传动，则齿轮用什么材料制造，润滑方案如何选择？这方面连一点参考资料和信息都没有。朱森元与同事们决定自己动手建立超低温高速齿轮试验台，通过试验来解决这两个问题。他们利用十一所水力试验室现成的水泵试验台进行改装，技术人员和工人一起，自己动手，5个月便建成了超低温高速传动齿轮箱试验台。

他们在齿轮试验中还发现了新的液氢密封材料——聚酰亚胺。

在对建台方案进行调查时，中国科学院长春应用化学所的同志建议采用他们刚研制成的聚酰亚胺作为中齿轮，可以解决齿轮的润滑问题。他们愿意提供齿轮毛坯，朱森元他们将低温试验的结果告知作为回报。"三结合"小组经过4个月的努力，生产出了两套聚酰亚胺齿轮。通过超低温传动齿轮试验，聚酰亚胺被证明是很好的超低温结构工程塑料，在超低温条件下仍具有一定的弹性。它不仅被用作液氢活门的密封结构材料，而且在整个氢氧发动机上都采用了，这可算是超低温技术的一次关键性突破。从此，氢氧发动机的研制进度大大加快了。

由于氢氧发动机喷注器面板一面是燃气，一面是液氢，美国人用发汗材料作冷却面板，而我国由于技术原因，用的是不锈钢。试验虽说成功了，但面板严重弯曲变形，无法再用。朱森元等人想起703所曾经做过类似的试验件，但已废弃了，便将它们拿过来做试验件，后来还真试成功了。成功后，他们对发汗面板的制作提出了要求。当时，钢铁研究院有这方面的实力，于是，这个发汗面板就成了他们的一号任务。他们用不锈钢丝编织成网，然后用大型压机压制成发汗面板。用这个方法制成的发汗面板，效果非常好。由于这项任务非常紧迫，不需要下达任务书，发汗面板很快被制造出来。钢铁研究院从事材料研究的人通知朱森元去验收，朱森元也没有特殊的验收办法，他便在面板的一边涂上肥皂水，在另一边用嘴一吹，气泡出来了，“行！”大家都笑了。后来试验正规了，面板也逐步随着要求而改进。

氢氧火箭发动机的喷管很大，制作起来非常麻烦。仅一个模具做完以后进行时效就要半年之久，然后才可以使用。朱森元通过理论计算，算出热流密度，将喷管切成小段，计算出每一段的热流密度，再把每一段积分，就可得出需要的输入总量，然后就可以知道需要加温到多少度。但喷管只有在火箭飞行过程中才可以满流，而在地面上做不到，所以通过地面试验无法验证。朱森元通过积分算出总的热量后，想办法将飞行中的热流模拟出来，为此，他做了一个喷管，使喷管的热流和计算相等，这样热是等效的，液氢就可以试出来。

热等效喷管生产起来很方便，朱森元做了一个锥形喷管，使燃气能够真正收到里面让液氢吸收，之后，液氢加速冷却燃烧室。这个热流密度和真正飞行时相等。朱森元把自己的这个想法告诉设计人员，大家一听就明白了，3个月就研制出了热等效喷管，接着做燃烧试验。一共做了3台，试验非常成功。氢氧发动机一般要做电模拟试验，所需的直流防爆电机功率非常大，国内无法生产。但热等效喷管的试验成功，巧妙地避开了电模拟实验。发动机的冷却问题就这样解决了。1970年年底，“七八个病号，三五条枪”竟研制出了热等效喷管。

1971年七八月，朱森元他们在进行强度、水力等试验后，9月，真正的氢氧燃烧试验成功了。4吨推力的挤压试验持续了18秒。工人们高兴地抬着这个烧得面目全非的试验件到处宣传：“这就是氢氧发动机，4吨推力的试验件。”

就这样，朱森元下厂一年多，突破了氢氧火箭发动机的几个技术关键：突破了推力为800千克的液氢液氧7次燃烧试验，制定了可靠的点火起动程序；突破了液氢超临界再生冷却的结构设计方案；采用热等效喷管的设计技术，完成推力为4吨7次的燃烧试验。这些实实在在的技术推进，是氢氧发动机预先研究的第一个高潮，也为此后通信卫星第三级氢氧发动机方案奠定了基础。在这一研究过程中，朱森元发挥了关键性的作用。

1988年，朱森元访问美国洛克达因公司。他对美国人提出了参观航天飞机主发动机的愿望，美国人爽快地答道："可以，但是双方都要交流。"朱森元说："行。"洛克达因公司的代表还是不放心，又提出了要求："朱先生，您的报告时间不能少于30分钟。这样的话，我们的航天飞机主发动机你可以随便参观。"朱森元答应了，他如愿以偿地看到了航天飞机的主发动机。一周之后，朱森元没有食言。稍作准备后，他来到洛克达因公司，作了一场40分钟的报告，美国人高兴极了。朱森元说："你们的发动机需要用低温氦来冷却推力室，泵才可以启动，这意味着需要一个庞大的氦的研制生产机构。我们的氢氧发动机不需要预冷，直接启动。"我们就是用这样的火箭发动机给美国休斯公司发射通信卫星，美国人被深深地折服了。

朱森元在这场技术交流报告中指出，航天飞机主发动机没有必要使用低温氦预冷推力室，中国的氢氧发动机推力室启动前就不需要预冷，实际飞行结果表明，氢氧发动机推力室不预冷在空中二次启动曲线的重复性很好。如果航天飞机主发动机推力室能取消低温氦预冷，就可以降低发射成本。洛克达因公司的工作人员对这个问题感到很新奇。报告后，洛克达因公司决定给中方代表团增加参观SSME火箭发动机总装车间和“柔性”加工中心的内容。航天飞机主发动机SSME动力头在“柔性”加工中心生产，据洛克达因公司的工作人员介绍，他们

1988年7月18日，朱森元（前排左三）在洛克达因公司接待室作技术交流报告后合影

1988年7月18日，朱森元（前排左二）等中方代表团成员和洛克达因公司接待人员合影

1988年7月17日，朱森元在休斯敦约翰逊航天中心（Johnson Space Center）的土星巨型运载火箭前留影

拥有一流的加工设备和精确的加工精度，是美国最好的公司之一。

后来，长城公司再次为美国发射卫星，美国人提出要求，希望看我们的推力室图纸，以为我们的发动机推力室硬件有什么秘密。这件事被任新民知道了，他把长城公司的领导批评了一番："发射卫星是提供服务，有给人看图纸的吗？美国人打卫星，他的火箭发动机图纸给人家看吗？"任新民还把这件事讲给朱森元听，朱森元安慰他说："任总，给他们看看也无所谓，他们也看不出什么新鲜，我们的秘密根本不在图纸上。"不仅这一个型号的发动机推力室不预冷，以后的各个型号也都不需要预冷。美国人参观我们的试车台，不相信这就是真的试车台，认为这是假的，因为他们的试车台搞得很洋气。而我们第一台氢氧发动机试车台是由东风二号导弹试车台改造成的，不符合氢氧发动机的特点，但我们的试验照样很成功，而且在这里试验成功的不止一个型号。

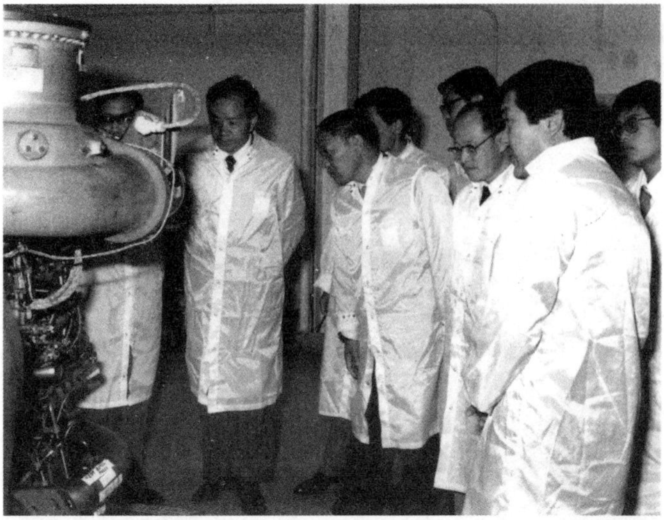

1988年7月18日，朱森元（前排左三）等中方代表团成员参观SSME火箭发动机总装车间

1988年7月18日，朱森元（前排左三）等在“柔性”加工中心听公司技术人员介绍情况

1988年7月上旬，朱森元参加在波士顿举行的AIAA学术交流会，会前顺访华盛顿宇航博物馆，在展出的阿波罗登月舱前留影

朱森元在参加AIAA学术交流会期间，顺访波士顿麻省理工学院

1988年7月15日至16日，朱森元参观哈佛大学，并在John Harvard铜像前留影

液氢半系统试车时，4吨的推力室用挤压的办法试验成功，涡轮泵也基本做出来了，可以在液氢中转了，但如果把这些连起来试车，有爆炸的风险。唯一的试车台一旦炸毁，研制工作将无法进行下去。为了保护试车台的安全，朱森元他们做了半系统试车，这在当时特定的条件下无疑是一个创举，这种办法实际上把发动机中最复杂的液氢系统进行了演练，有多方面好处：第一，试验人员得到了锻炼，胆子大了，懂得了在发动机上怎么操作液氢；第二，可以保证试车台在发动机真正点火前是安全的；第三，液氢系统参数可以在半系统试车中测试出来，并且试验了涡轮泵与系统一起工作的协调性，可以做到发动机试车一次成功。我们的氢氧发动机在研制过程中没有炸过试车台，而美国、日本、法国都炸过台。

4. 遭遇寒流，不屈不挠

失败与科学研究如影随形，在氢氧发动机预研过程中，摸着石头过河的朱森元深切体会到了这一点。他曾多次讲过："科学试验失败最多的时候，往往是将要突破的时候。"搞氢氧发动机预研就是攻关与突破相随、困难与惊喜相伴的过程。无数"山重水复疑无路，柳暗花明又一村"的事例，坚定了他走向成功的信心。

超低温液氢高速轴承是一个关键性的部件。根据国外资料分析，为了保证轴承保持架工作的稳定，要遵循内环引导的原则。然而在实际中试验时，这招却不灵了，不是保持架碎裂，就是滚珠烧伤。经过仔细分析，朱森元怀疑国外资料上的内环引导原则是错误的。他做了个试验，反着来，将超低温的液氢从外环引导到内环，滚珠冷却改善了，再也没有被烧伤过。从此，氢氧发动机上使用的液氢高速滚珠轴承都采取了外引导保持架方案。

在进行氢氧发动机预研的几年时间里，朱森元肩负着很大的压力。知识分子被说成“臭老九”，下工厂搞研制的他，也始终被扣着接受“再教育”的帽子。他的爱人同样下放回京不久，在北京西北郊工作，一周回一次南郊的家。平时朱森元又当爹又当妈，早上5点起床捅蜂窝煤炉子做早饭，6点半要赶到3千米外的车间参加“早请示”和“军训”。如遇儿子生病就更加忙乱，天不亮就要带儿子去医院挂急诊看病。

1971年9月，用液氢做再生冷却的4吨推力燃烧室首次点火试验成功，涡轮泵零组件正处在生产高潮中，然而极左思潮横行，氢氧发动机“三结合”小组被指责为搞“唯生产力论”，忽视了对知识分子的改造，朱森元等人每天要花很多时间去参加各种讲用会、批判会，接受“再教育”。更糟糕的是，通信卫星运载任务也被莫名其妙地取消了，从此，氢氧发动机的研制工作几乎无人过问。这使得刚刚升起的氢氧发动机热潮，又凉了下来。

不仅试验设备和低温测试工作无人过问，提交的氢氧发动机建台总任务书也杳无音信，轴承试验台、低温液氢贮箱等急需设备均没有进度计划，这种冷冷清清的局面，一直持续了两年。在这种恶劣的科研环境中，朱森元和热情饱满、不懈攻关的科研人员仍没有放弃，他们集中精力认真研究氢氧发动机最紧迫的问题——液氢泵试验台方案。

2002年11月12日，一院科技委组织部分职工游海南，朱森元夫妇在博鳌的会议厅旁合影

2005年11月29日，国家人事部组织海南旅游活动，朱森元夫妇在海口国家地质公园中的火山口前合影

朱森元夫妇与张永莲夫妇合影

2005年12月5日，朱森元夫妇在三亚凯莱度假酒店园区内合影

液氢泵是氢氧发动机设计的关键，有人将它形象地形容为："氢泵不转，氢氧不算，氢泵一响，黄金万两。"意思是，只有让氢泵转起来，才会得到领导和经费的支持。

大家都希望液氢泵能早日开展试验工作。常温氢气和氧气的热力参数比较接近，采用防爆电机带动氢泵的方案，技术上难以实现，那么如果把燃气涡轮用氢气来驱动，氢泵试验的动力就可以解决。这一发现，使得朱森元及其同事在思想上开了窍，意识到这样的试验成功后，将是氢氧发动机研制工作的重大突破。他们将这种不通液氧、不点火，只做液氢泵试验的方法称为"液氢半系统试车"。于是，从1972年1月开始提出半系统试车的方案，到1972年5月制定试车大纲，提出改台任务书，在寒流中停滞不前的氢氧发动机预研工作又明确了奋斗的方向，大踏步前进了。

1974年3月，我国第一台液氢泵在101所的试车台上开始运转。液氢泵高速旋转的声音，冲破了两年来寒流造成的沉寂，带来了胜利前进的喜悦。燃气涡轮按预定计算的工况运转了，液氢泵的扬程流量特性也测出来了，大家都为这一次成功的试车欢呼鼓舞。钱学森也派来秘书了解相关情况。两周之后，第二台液氢泵又开始了试验，此后，液氢泵不停地进行各种研究性试验。1975年1月25日，试验型氢氧发动机（YF-70）首次试车成功，推力为25千牛，工作时间为20秒。这些都为氢氧发动机的正式立项，为长征三号火箭的立项及其研制工作奠定了基础，也为国家计委、国防科委落实周恩来总理关于尽快开展我国通信卫星研制工程的批示提供了依据。

当时“三星一船”只是个规划，不能落实。张爱萍说：“‘三星’不能同时搞，要一个一个地抓。最紧迫的就是通信卫星。我们的边界经常出问题，出事了，骑着毛驴跑着送信，几个月才能报到中央军委。”

周恩来总理也急切关心我国卫星通信工程的研制进程。早在1965年，以周恩来为主任的中央专委高瞻远瞩，批准建立我国卫星通信系统项目。后来，由于“文革”的干扰，这一项目的开展有所耽误。1970年我国第一颗人造地球卫星发射成功后，中央军委决定将卫星通信系统项目转为工程研制阶段。通信部门迫切希望我国的通信卫星尽早问世，以改变通信技术落后的状况。1970年11月9日至26日，国防科委委托七机部在京西宾馆召开了“三星一船”的技术方案讨论会，其中讨论了东方红二号通信卫星总体技术方案的设想，确定了运载火箭由东风五号导弹加第三级组成。一院副院长任新民参加了这次会议。

1974年5月19日，周恩来批转了邮电部三同志“关于发展我国通信卫星的建议”的来信，要求尽快研制地球同步轨道通信卫星，明确要求国家计委、国防科委联合召开会议，先将通信卫星的制造、协作和使用方针定下，然后再按计划分工，做出规划，督促进行。接着国家计委、国防科委召开了一系列会议，研究了通信卫星的使用方针，明确了各工业部的分工。1974年8月，七机部召开了“748”会议，具体论证通信卫星运载工具的方案。由于液氢泵已经运转了多次，会议邀请了氢氧发动机“三结合”小组的代表参加。

早在1973年唐山会议上，七机部便已决定，用长征二号火箭加上一个上面级作为运载工具发射通信卫星，上面级由两台常规发动机组成。

但到“748”会议时，氢氧发动机已展示出新的前景。会上，朱森元详细介绍了液氢半系统试车的结果和数据，并展示了一台经过半系统试车的发动机实物。会议就上面级究竟采用常规级还是氢氧级的问题，进行了热烈讨论。朱森元认为，如果氢氧级研制成功，不仅运载能力大大提升，而且还能把我国的航天事业推向一个新高峰，进入世界先进行列。有的同志提出问题，氢氧发动机还有多少关键？能否如期研制出来？这个问题，当时会上谁也无法说清楚。任新民没有安于现状，而是以敢负责任和敢于攀登的精神，决心支持氢氧方案参加通信卫星运载方案的竞赛，下了“氢氧和常规两个方案并举，一年以后再定”的决心。这个决定对氢氧发动机的研制工作无疑是一种巨大的支持。

“748”会议后，很快就进行了技术协调。根据当时的具体条件，制定了新的氢氧发动机方案。这台新发动机被命名为YF-73。此后，一面开展YF-73的设计，一面组织单管4吨推力的氢氧发动机试车。1975年1月25日，我国第一台YF-70氢氧发动机进行了整机“憋压”启动点火试车并获得成功。以后又进行多次整机“憋压”启动试车，为YF-73发动机设计提供了宝贵的试验资料。

1975年2月17日，国家计委、国防科委在调查研究和多次联合召开协调会议的基础上，联合向中央提出《关于发展我国卫星通信问题的报告》，提出力争1978年发射我国第一颗同步通信卫星。3月31日，中央军委第八次常委会议讨论并通过了这份报告，毛泽东、周恩来批准了我国自行研制通信卫星的计划。这一报告是我国开展卫星通信工程的指导性文件。从此，我国卫星通信工程正式列入国家计划，卫星通信工程的研制走上正轨。后根据中央军委研究讨论卫星通信工程的时间，将我国卫星通信工程命名为“331”工程。

“331”工程由东方红二号通信卫星、长征三号运载火箭，以及测控、通信与发射五大系统组成。中央批准的报告中明确规定，“331”工程由国防科委负责抓总，七机部负责研制运载火箭和通信卫星，国防科委负责建设发射场，测控通信系统则由四机部、七机部分别研制，地面通信系统由四机部负责研制。其中长征三号运载火箭由一院负责研制。

1976年5月18日，国务院、中央军委又发出《关于成立“331”工程领导小组的通知》，决定在国防科委设立“331”工程领导小组，负责整个工程的规划、计划、组织协调和督促检查工作，并设立“331”工程技术协调组，负责技术协调工作。后来“331”工程的五大系统都分别任命了总设计师，七机部五院副院长孙家栋为东方红二号试验通信卫星总设计师，七机部一院副院长谢光选为长征三号运载火箭总设计师，四机部十九院副总工程师刘永峻为地面通信系统总设计师，国防科委测通所副所长陈芳允为测控通信系统总设计师。七机部副部长任新民为整个“331”工程总设计师。

1977年3月8日，国际电联向世界各国公布了我国试验卫星资料后，试验卫星通信工程能否完成，事关国家信誉，已经没有退路，只能竭尽全力完成任务。1977年9月18日，中央批准国防科委的请示，确定了我国20世纪80年代前期战略核导弹和航天技术的三项重点任务（后称“三抓”任务），其中包括试验卫星通信工程。自此，“331”工程的研制工作全面紧张地开展起来。

这是一项举世瞩目的重点工程，所有参加单位都把它列为重点任务，所有协作单位都为“331”工程开绿灯。而“331”工程要取得成功，第一个大的关键就是研制三级为氢氧发动机的长征三号运载火箭，氢氧发动机则是关键中的关键、重中之重、难中之难。在这样的形势下，氢氧发动机研制工作迎来了第二个高潮。

5. 着眼未来，富有远见

1974年8月，七机部在一次方案论证会上决定运载火箭三子级发动机采取液氢液氧推进剂和常规推进剂两种方案同时并举。11月，七机部命名东风五号加常规三级的火箭为长征二号甲，加氢氧三级的火箭为长征二号乙。这两种方案各有利弊，常规方案技术关键少，难度低，研制周期短，但火箭运载能力受限制，不能兼顾长远发展的需求，氢氧方案则正好相反。两个方案各有特点。

氢氧发动机是20世纪60年代初期世界上开始应用的新型液体火箭发动机，开辟了低温技术的新领域。它的性能优越，技术先进，燃烧产物安全无毒，真空比推力比一般常规发动机的比推力要高出50%以上。早在20世纪60年代初，十一所就开始氢氧发动机的探索，20世纪70年代初开始开展预先研究。1971年完成推力为800千克和4吨两次液氢液氧推力室挤压热试车。1974年3月，半系统氢泵试验也获得成功，为我国打开了研制氢氧发动机新领域的大门。继1975年1月25日YF-70氢氧发动机首次试车成功后，又进行了三次试车，均获成功。长征二号甲和长征二号乙两种方案并举，从一定意义上讲，这也是两种运载火箭的研制在开展竞争。长征二号乙三级氢氧发动机（代号为YF-73）研制工作开展了一系列的单项预研，并取得了明显进展。到1975年5月，推力为2.5吨的氢氧发动机，经过多次20秒试车，表明各组件工作协调，方案基本可行，为长征三号火箭总体方案的选定提供了实验数据。

1976年3月12日，YF-73发动机开始了第一次整机“憋压”启动点火试验，目的是了解涡轮泵加启动喷嘴后，气瓶启动和燃烧器点火工作的可靠性以及全系统和四个燃烧室工作的协调性。发动机按预定程序启动和关机，工作正常，并取得了较好的参数。这极大地坚定了朱森元及其同事们研制氢氧火箭发动机的决心。1976年4月6日，七机部决定，正式确定氢氧发动机为通信卫星运载火箭三级的主攻方案。

然而，第三级发动机是采用液氢液氧方案，还是采用常规方案，一直是争论的焦点。对事物有不同的看法、存在争议是正常现象。有部分人员认为氢氧发动机的技术风险太大，主张采用三级为常规推进剂的运载火箭发射通信卫星较为稳妥，特别是在国防科委的专家中，也有这种意见。而此时，采用常规推进剂的三级发动机（代号为YF-40）的研制工作也在加速进行。继1976年3月12日YF-73全系统试车后，1976年5月26日，YF-40常规推进剂的发动机也成功进行了首次全系统（短喷管）热试车。氢氧方案与常规方案之争，已经到了白热化的程度。

1976年8月，国防科委召开规划工作会议，分析对比了这两种方案，会议纪要报批稿中将常规方案列为我国发射通信卫星的第一方案，等待国防科委审批。在此期间，任新民正率领中国宇航学会代表团访问日本，回国时他在首都机场得知了这一消息，心急如焚。他十分清楚，根据当时我国的财力、物力和人力，只能有第一种方案，很难有第二种方案。如果不能把氢氧方案作为第一方案，以后氢氧发动机还搞不搞、搞到什么时候，就很难说了。

在次日国防科委召开的会议上，任新民开门见山地陈述了自己的意见和判断依据，简要阐述了采用氢氧方案的必要性和可能性，并论述了发展氢氧发动机技术的意义。他坚定地说："氢氧发动机这个台阶迟早是要上的，我们现在能上得去，我可以立军令状！"任新民还单独向国防科委副主任马捷做了更为详细的汇报，列举了前一阶段氢氧发动机技术攻关的情况，介绍了几次试车所取得的成果。马捷和任新民算是老搭档了，从共同指挥发射返回式遥感卫星到一起出访日本，他对任新民高度的事业心和责任心由衷地敬佩。他认真听取了任新民的意见，事后又汇集方方面面的意见，经过慎重研究，最后根据任新民提出的修改意见，将常规方案作为第一方案的“第”字，改为“另”字。这一字之差，决定了我国氢氧发动机的命运。

1977年12月28日，七机部决定将长征二号乙改名为长征三号，将常规三级的长征二号甲改名为长征四号。

朱森元

朱森元院士传记

Academician Zhu Senyuan's Biography

第五章

液体火箭发动机的新领域

氢氧发动机的研制道路异常曲折，遇到了一道又一道难题。朱森元和研制人员一起艰辛劳动，永不放弃，开创了中国人自行研制氢氧发动机的独特道路。

1.勇于进取，攻坚克难

1978年8月22日到28日，任新民带领七机部机关有关人员到一院听取有关单位关于长征三号火箭研制进展情况的汇报，特别是氢氧发动机的研制情况。液体火箭发动机研究所氢氧发发动机研制团队的骨干人员，包括刘传儒、王之任、朱森元、王桁、江希藩等，汇报了氢氧发动机研制的最新情况。任新民推心置腹地谈道："第一方案是确定了，但第一的位置保得住保不住，还取决于我们的工作。"

氢氧发动机的预先研究工作做得比较好，但也只是原理性突破，进入工程研制阶段后，一系列的关键技术和难题接踵而至，都需要研制团队做出分析、判断和决策。作为氢氧发动机项目的主要负责人之一，朱森元肩负着责任和压力，他带领有关科技人员、试验人员和工人，在氢氧发动机攻关的道路上艰难地探索。

氢氧发动机研制道路异常曲折，只有亲历其中，深入一线工作的人，才会有最深刻、最切身的体会。在数十个寒来暑往中，他们遇到了一道又一道沟坎，解决了一个又一个难题，在"泰山压顶不弯腰，艰难险阻不畏缩"的拼搏精神鼓舞下，用艰辛的劳动、努力的钻研和永不放弃的勇气，开创了中国人自行研制氢氧发动机的独特道路。

氢氧发动机研制团队遇到的难题主要有：低温环境给材料和工艺带来的新问题，发动机吹除预冷问题，点火启动与二次点火启动问题，高压条件下的高温与低温的密封问题，控制气路振动问题，低温高速轴承的研制，高速端面密封问题，涡轮泵的次同步共振问题，发动机缩火问题，等等。这些技术关键，事先大多不好预测，随着研制工作尤其是试验工作的深入，有的问题突然暴露出来，有的问题则令人愕然，让人一时之间束手无措。研制人员不断经历着成功的喜悦和失败的挫折，两种感觉夹杂在一起，更是一种煎熬，有时遇到挠头的问题，真是食不知味，彻夜难眠。

其中，点火启动与二次点火启动问题，主要是指氢氧发动机采用两次点火，在两次点火之间设置一段时间进行无推力滑行，可节省火箭能量，减少推进剂消耗，提高火箭运载能力，也便于发动机工作程序和火箭控制程序的安排，有利于提高卫星入轨精度。但二次启动也带来一系列技术难题：第一次关机后，运载火箭已处于失重状态，存在一个推进剂管理问题，要保证推进剂（液氢液氧）沉到贮箱底部而不漂浮飞溅；滑行段的运载火箭姿态控制问题要解决；氢氧发动机在接近真空条件下二次启动要保证可靠。随着滑行段时间的增长，这些问题的难度也增大。法国阿里安运载火箭的三级氢氧发动机采用了二次点火，但滑行段时间很短。采用一次启动，总的来说技术难度要小一些，但也有其技术难题：要保证氢氧发动机、伺服机构等连续长时间工作的可靠性；要解决氢氧发动机关机后后效冲量偏大带来的卫星入轨偏差大的问题等。朱森元和刘传儒、王之任、王桁、江希藩等几位领导及有关科研人员，进行了反复的分析、计算、研究、讨论，权衡各种利弊和可能。最后，朱森元等人发扬敢于进取的精神，“明知山有虎，偏向虎山行”，在任新民、卢庆骏等领导的支持下，决定三级氢氧发动机采用二次启动方案，并采用了同其他国家运载火箭相比时间较长的滑行段。

1976年“四人帮”被粉碎后，航天事业和全国各行各业一样，形势大好，在张爱萍的主持下，于1977年9月制定并经中央批准：“在近期内，我国在战略武器和航天领域内要抓紧进行三项重点任务。”这样的大好时机，本来应该促进氢氧发动机的大力发展，然而，由于研制过程中不断遇到技术难关，氢氧发动机方案被列为“生于乱世、先天不足”需要整顿的项目，研制工作难以为继。

造成这一现象的主要原因是由于对液氢的低温性能尚未完全掌握。液氢有“一低四小”的特点，“一低”即液氢的沸点低至-253℃；“四小”即密度小、导热系数小、表面张力小、粘滞系数小，而且易燃易爆。1978年1月，在101所5号台发生一起爆炸事故，11人当场受伤，还有一些人受到不同程度的气浪冲击，爆炸原因一时查不清楚。3月，在4号台进行氢泵试验台调试时起火，火势直冲20多米高。4月，氢泵试验连续两次失败。这一系列的失败，成为了氢氧发动机的“罪状”，给氢氧发动机研制工作带来了极大的困扰。

1978年1月28日，十二室在101站5号试车台1工位进行两项液氢试验。这天上午，张善群、陈凤蕊比较顺利地完成了两台液氢泵前活门的首次液氢试验。下午是副系统液氢汽蚀文氏管试验，系统组邹约翰、陈玉龙、顾明初、贾文君等进行试验，张善群、陈凤蕊站在离台四五米处观看。

在液氢汽蚀文氏管试验时，发生了猛烈爆炸。据参加试验的贾文君回忆，先看见一个大火球，随后一声巨响，像打雷一样，瞬间飞沙走石，方圆50米内全是碎玻璃片、碎石块等，而后试车台起火，火光从人们的头顶掠过。贾文君被爆炸产生的冲击波打昏，仰面朝天躺在地上，眼镜也不见了，事后发现胸前的棉大衣留下了爆炸时不知被什么物品打上的小斑点。在场的11位工作人员全部受伤，其中5号试车台有7位同志受伤，绝大多数是爆震性耳聋，严重者甚至鼓膜穿孔，十一所有4位同志受伤，分别是贾文君、顾明初、张善群和陈凤蕊。

11名伤员被迅速送往731医院门诊部，经过初步检查、处理，伤势较重的贾文君、张善群、陈凤蕊、顾明初4人被送往711医院住院部治疗，普遍为爆震性耳聋及烧伤。轻者烧掉了一些头发，严重的贾文君和陈凤蕊还烧伤了面部。医生告诉他们，你们的头发会长出来，但爆震性耳聋不易痊愈，只能长期吃营养药，到老了可能聋得更早一些。但执着的航天人并没有被这些挫折所击倒，经过十几天的休息和康复，受伤人员很快又投入到紧张的研制工作中。

部、院、所、室的各级领导都纷纷去医院看望和慰问伤员，张爱萍总参谋长也十分关心受伤的同志们。造成这次事故的原因是多方面的，但长时间将液氢排放于试车台大门外一侧导流槽处，使产生的气氢来不及扩散，局部环境达到了气氢爆炸的条件，是产生事故的重要原因。朱森元召集全室人员开会，给大家做思想工作，消除事故阴影。他说：“一方面要更好地掌握液氢特性，注意操作安全，消除恐惧心理，大胆工作；另一方面要克服麻痹思想，学会保护自己。”“当前氢氧发动机研制进展很快，胜利完成了几次短程试车，更不能有麻痹大意的思想。”朱森元的话对于鼓励大家坚定信心搞好研制工作，起到了很好的作用。

通过这次重大事故，大家认识到，对待科研工作首先要有热情，但只有热情、积极性和拼命精神是不够的，还是要讲科学，必须以科学的精神对待一切问题，尤其是安全问题。任何不重视安全的思想，都会给我们的事业带来巨大的危害。

由于“1·28”事故，院领导加强了对氢氧发动机研制的组织协调工作。张镰斧院长亲自主抓这项工作，YF-73发动机研制工作出现了新气象。

1978年9月12日进行第四次热试车，工作时间50秒，获得了成功。当天下午，十一所召开了庆祝大会，国防科委主任张爱萍发来了贺信。50秒试车成功，给了备受挫折的氢氧发动机研制团队极大的信心，大家再接再厉，继续攻关，向更长时间的试验进军。

1979年5月28日，备受关注的YF-73发动机首次750秒长程试车就要进行了。这一天，101站十分热闹，漫山遍野站满了参观人员，各级领导都集中在指挥间。完成测试后，工作人员撤离2号台。12点35分，指挥员下达程序预冷的口令，2分钟左右，气氢从屋顶的泄出口冒出，但不见气氧从台底冒出，2分半钟、3分钟，还看不到气氧，完成测试后一直站在山坡观察的张善群预感到氧路预冷出了问题，立即朝试车台指挥间跑去。此时，从扩音器里传来了朱森元的声音：“十一所张善群快来指挥间。”张善群一进屋，看到领导们表情严肃，正在讨论是否停止这次试车。王之任副所长让他谈谈意见，张善群说："要上台看看能否搞清故障位置再说，请2号台一位同志和我一起去。"王桁立即说："我和你去。"经卢庆骏副院长同意，张善群、王桁来到台上仔细检查，这时，任新民副部长突然出现在他们身后，王桁很吃惊地说："任副部长，这里危险，请您赶紧离开，赶紧离开！"任新民说："没关系，不会有事的，你们能来，我也能来。"他们很快发现故障部位是液氧泵前活门被冻住了。大家紧急商定排除方案，采取措施。下午3点，开始发动机预冷，情况正常。指挥员下达启动口令，主机工作750秒的首次试车取得成功。

由于氢氧的超低温特性，开始接触时确实会产生一些问题。例如，1971年7月21日，进行超声波液面计选材试验时，研究人员把浸在液氢中的陶瓷晶体片取出检查导线接触是否良好，当重新放入液氢杜瓦瓶中时，"轰"的一声，从杜瓦瓶口喷出一道火光，把大家吓了一跳。经分析，是由于原来的陶瓷晶体片已处于超低温状态，和空气接触后，立即在表面冻上一层薄薄的固氧，当它再次放入液氢时，固氧和液氢摩擦，引起着火而爆炸。又如，1978年1月，液氢汽蚀文氏管介质试验时发生爆炸，与现场管理不严有关。参试人员有的穿着技术安全规章中禁止的皮大衣，戴着皮帽子，有的戴着毛料头巾，并来回走动。试验时排出的液氢直接喷在水泥地上，第一次试验使水泥地形成超低温区，空气中的氧气深冷后凝固在水泥表面，第二次液氢射流冲击固氧时产生了爆轰。

在这样充满压力和风险的曲折研制进程中，朱森元深深体会到，只要完善试验设备，严格执行技术安全规章制度，一切问题都是可以顺利解决的。攻关的道路曲折、艰辛，朱森元和研制团队怀着坚定的信念，在理论指导下，在实践中摸索，在摸索中前进，在挫折和失败中总结经验教训。在苦苦求索的过程中，遇到一个问题解决一个问题，在不断地遭遇挫败、寻找解决办法的过程中逐渐找到了光明。他深深体会到，只要努力钻研，“没有过不去的坎儿”。他也因此对氢氧发动机的前景充满了信心，并将这种情绪传递给参与氢氧发动机研制的有关人员，大家更加充满斗志，奋力拼搏。

经过种种曲折后，氢氧发动机的研制步伐迈得更快了。从1978年7月开始，发动机又开始了整机试车，并顺利通过50秒和150秒试车，迎来了1979年氢氧发动机的黄金时代。

为了加强技术和行政指挥，1979年10月后，十一所成立了主任设计师办公室，王之任为主任设计师，朱森元、江希藩和顾明初为副主任设计师。

2. 临危不惧，同舟共济

1978年，氢氧发动机初样件在211厂正式投产，年底，利用试验件进行5次短程试车，但由于轴承、齿轮强度不过关，只成功两次。改进设计后，1979～1980年，先后进行500秒、800秒长程试车和二次启动、摇摆试车。后又改进设计，完成大推力、摇摆、长程二次启动试车。经过初样研制，氢氧发动机启动缓慢、次同步、燃气发生器鼓底掉盖等问题得到解决，发动机的强度基本过关。

1979年1月，氢氧发动机通过了500秒试车，算是个开门红，给整个“331”工程研制战线带来了喜讯，这一年的春节，大家是在胜利的欢乐声中度过的。氢氧发动机迎来了第三次高潮。

随即，进行了一系列的研究性试车，5月，氢氧发动机又通过了一次工作时间750秒的试车，这些成果充分证明设计方案是成功的。总体设计部又要求把推力提高到4.5吨。朱森元和同事们决定采用新的燃烧室方案。

1979年9月开始进行发动机二次启动的研究性试车，11月，按照总体部的要求，完成了发动机全程二次启动加摇摆试车，各组合件的功能协调正常，“氢氧热”又一次高涨了。

然而，接下来遇到了一个大难题——次同步回旋共振，如拦路虎般地挡在了氢氧发动机研制人员的面前。在YF-73研制初期的试车分解中，多次发现涡轮处的死点轴承发黑、磨损和断裂。1980年4月25日，进行第一次二次启动1500秒长程试车，第一次工作800秒通过了，第二次启动后不到20秒，靠涡轮处的轴承损坏，但发动机仍能在较低的工况下完成主级700秒工作，按正常程序关机。分解发动机时，大家又惊又喜，但又迷惑不解：涡轮处轴承的滚珠已被压碎，散落在齿轮箱里，而液氢泵和涡轮轴，在一个轴承的支撑下，工作了700秒，真可谓是一个奇迹！大家百思不得其解，各种分析和假设都有。1980年9月到11月组织了三次试车，又接连失败，也都发生了轴承碎裂、涡轮叶片磨损现象。在十一所召开的故障分析会上，李钊首次提出了涡轮转子工作状态不稳定，即次同步共振的看法。

涡轮泵工作转速低于轴的第一临界转速时，其转子的轴称为刚性轴，高于轴的第一临界转速时称为柔性轴。液氢的密度非常低，一颗乒乓球大小的液氢球，其重量正好和乒乓球相当。因液氢泵必须在高转速下工作，所以只有采用柔性轴才能满足性能需要。而柔性轴设计中最可怕的故障就是次同步回旋共振。

次同步回旋共振产生的机理和很多因素有关，具有很大的随机性，有时出现一阵又会自动消失，并不破坏结构，因而容易被误认为这种故障并不可怕。但有时其振动能量又很大，一旦出现，涡轮泵就会遭受严重破坏。所以有人把这种振动破坏描述为“具有随机性、阵发性和分散性”，很难摸清它的出现规律。美国研制航天飞机主发动机过程中也遇到过这种故障。YF-73试车时，涡轮泵连续几次严重损坏，试车后，看到分解的涡轮泵，其损坏程度令人目瞪口呆。由于分析不清楚是轴承设计问题还是其他问题，只好决定从改进轴承设计、改善冷却条件两个方面做工作。又是加大轴承冷却流量，又是采用新结构轴承等，各种措施相继而上，人人都围着涡轮泵转。然而，几种改进措施都没有解决问题，更糟糕的是，分流冷却轴承方案，在试车时发生了一次严重爆炸。大家辛辛苦苦奋战了大半年，所有的节假日几乎都在紧张的加班中度过，精疲力竭，工作却没有进展。这一年是辛苦年，是不景气年。

由于氢氧发动机技术关键点太多，领导心急如焚。1981年7月8日，一院召开了声势浩大的“331”工程动员大会，公开批评氢氧发动机研制工作倒退，气氛十分紧张。

朱森元回忆，早期的轴承故障可能是和次同步回旋共振破坏的故障混在一起，技术人员把很大精力集中在轴承问题的解决上，最后仍没有彻底解决轴承可靠性问题。后来经过组织攻关小组，进行反复分析研究和试验，并采用弹性支承，降低轴的第一临界转速后，终于彻底把次同步回旋共振问题控制住了。

在解决这个问题的过程中，“大力协同，勇于攀登”的航天精神发挥了重要作用。

涡轮泵的次同步回旋共振问题久久不能解决，已经严重地影响了氢氧发动机的研制进度，也掣肘着长征三号火箭的研制进度。从各级领导到各协同单位，大家都很关注这个问题。1979年9月，阎殿甲找到一篇题为《航天飞机主发动机高压液氢涡轮泵次同步旋转问题的解决办法》的文章，大家通过学习对比，发现文章揭示的现象与YF-73发动机涡轮泵的破坏现象有着许多相似之处。向有关领导汇报后，引起了领导和主任设计师的重视。1980年年底，考虑到702所对部件振动问题研究得比较多，理论水平较高，技术力量较强，王之任主任设计师亲自去702所找曹美生副所长，请求他们帮助分析涡轮泵的次同步回旋共振问题，派技术人员参加将要进行的涡轮转子空转试验，进行轴端变形的测量和故障分析工作。702所旋即派出张俊华、李宪珊、应桂炉等参与次同步回旋共振问题的测试和研究工作。

后来，702所应桂炉等同志在对十一所八室进行的空转试验所测得的信号和数据进行深入细致的分析后，得出了涡轮转子确实存在次同步回旋共振的结论。在分析涡轮泵振动破坏的特点后，十一所的丁增杰发现每次都是涡轮端轴承破坏得最严重，因为该轴承既承受轴向力，又承受径向力，而且该轴承的冷却条件又不好。于是，丁增杰提出了为涡轮端轴承减负的“死点轴承前移方案”，即把死点轴承的位置与活点轴承对调，从而改善涡轮端轴承的工作条件。他还提出了在涡轮端加弹性支承以降低支承刚性的解决方案。

经过多次试验、分析、讨论，大家对涡轮泵

次同步回旋共振问题的产生和解决，渐渐有了清晰的思路。1982年5月，由阎殿甲完成设计方案并出图、丁增杰完成刚性系数计算、曹天云校对的弹性支承成套图纸下厂生产。9月1日，“死点前移+弹性支承”方案涡轮泵第一次空转试验在十一所八室进行。三次试验，噪声比以往小，位移和振动信号也都非常小。10月14日，发动机热试车成功，10月16日，再次热试车成功，而且创下了发动机研制首次不下台、不分解，连续试车成功的纪录。数据分析表明，没有次同步回旋共振问题发生。至此，困扰多时的涡轮泵难题终于被攻克。

在涡轮泵次同步回旋共振关键问题解决后，YF-73发动机的可靠性得到很大提高，1982年年底，连续三次顺利通过了1400秒长程试车，发动机的强度关真正通过。

然而一波未平，一波又起。轴承问题闹了八九个月，还没有解决，奇怪的发动机漏火问题又接踵而至。1980年7月发动机试车时起大火，不得不紧急关机，返厂检查时却查不出漏火的部位，各种密封都完好无损。这是什么原因呢？设计单位和试验单位认识不一，故障原因一时难以查清。

在常温下装配、低温下工作，这是氢氧发动机的一大特点。实际上有些零件这一面是超低温，另一面则是高温，这些问题经过多年的研制实践已经解决了许多，但是否已完全彻底解决，还不敢说得很肯定。大家都在思考，多方查找原因，有时对试车后的发动机，边做气密检查，边放试车录像，希望从中找到起火时间和起火部位，结果还是什么线索也找不出来。

卢庆骏副院长要求，找不到原因，不能结束故障分析。在分析中徐玉谓等人提出，在低温条件下，接头处零件所用材料搭配不当，收缩系数不同，可能是导致密封失效的主要原因。采取针对措施后，效果明显。但在1981年6月24日2号台改建后的第一次试车中，发动机漏火问题又发生了。由于常温装配、常温检查、低温试车的特殊情况，很难找到漏液的具体位置。

最终，凭借多年的实践，刘传儒所长等领导和朱森元等科研人员意识到，凡是遇到故障原因一时查不出来的时候，采取综合治理的办法是有效的。于是采取包括试验管路、发动机连接密封结构以及密封检验手段等防烧防漏“十大措施”进行综合治理以后，经过上百次试车和十几次飞行试验的考验，再也没有出现过漏火现象。

3. 稳扎稳打，严谨务实

经过几起几落，到1982年年初，氢氧发动机按计划已到交付使用的时期，各种大型综合性的试验也已经开始，研制工作进入到最后冲刺阶段，可是各种技术关键仍不断地暴露出来。朱森元和他的同事们在那段时间真有些焦头烂额之感。

采取防烧防漏“十大措施”后，试车工作顺利进行。1981年10月初，大推力长程1400秒试车成功后，若再通过两次1400秒试车，发动机的强度就过关了。但10月下旬的长程试车，第一次800秒已通过，第二次启动后仅58秒，因燃气发生器烧穿而导致试车失败，这是过去从未发生过的。

1982年2月5日，朱森元和同事们进行查找燃气发生器故障的研究性试车。

试车在101站5号台进行，这是他们再熟悉不过的一个工作地点了。那天天还没亮，朱森元、张必俊和黄国璋就乘坐公共汽车，经三次转车，终于到达云岗。初春的寒风依然刺骨，他们沿着结有薄冰的小道爬上陡坡，到达试验现场。三人各就各位，朱森元在控制间观察试车间情况，张必俊监视现场直测指示是否正常，黄国璋在外边土坡后面看预冷排放和火焰情况。10点45分，首次试车点火，排气管喷出三四米长的火焰，试车正常，定时关机。接下来将进行第二次试车。

在第一个试验件卸下、换装第二个试验件时，黄国璋惊呼起来："发生器喷注器上都是冰！"仔细一看，燃气发生器喷注器面板上，冰层高高低低，参差不齐，喷嘴之间的金属面上突起一个个"冰峰"，喷嘴被深深地埋在"冰峪"之中。

由于燃气发生器传热计算一般都不考虑喷注器面板的温度分布，虽然身部传热计算数据表明燃气侧的壁面温度低于水的冰点，但一般人都不会想到在高温燃气流动的情况下，还能结成如此厚的冰层。为了把所见到的情况如实记录下来，他们3人决定现场画图。由黄国璋先画，由于观看位置太低，他只能趴在地上，朱森元见状，忙把身上的大衣脱下来，铺在地上，说："垫上点，免得肚子着凉。"一个多小时过去了，3人轮流画，手在寒冷的室外已不听使唤，一张燃气发生器喷注器面板结冰图终于完成。在此之后很长一段时间内，有关资料上引用的再生冷却身部低温推进剂燃气发生器面板结冰图，一直用的是这张目测的手绘图。

这只是氢氧发动机研制过程的一个小细节，研制人员严谨求实、不畏艰苦的精神，始终伴随着研制过程，遇到任何困难都不畏缩，没有条件，创造条件也要解决。

由于冰峪的形成，第一次关机后，“冰山”表面可能融化了的少量水流入氢喷嘴的缝隙中，最后结成冰而堵塞或局部堵塞氢喷嘴，氢氧双组元的低混合比喷嘴在第二次启动后就变成了高混合比喷嘴，使收敛段局部发生烧蚀，严重时可以烧穿。找到了问题的症结所在，采取相应的改进措施后，燃气发生器在高温燃气中的“冰山”现象顺利解决。

然而新的难题——氢氧发动机动力装置试车中的缩火问题又接踵而至。1982年7月30日，正值酷热的夏天，各方参试人员集中在101所山坡上的树荫下，期待着氢氧发动机动力装置第三次试车的成功。当大家正集中注意力看着增压预冷排出的低温氢气所产生的白云腾空而起时，发动机突然启动，但喷出的火焰很快又缩了回去。接着又喷了出来，很快又缩了回去。5秒钟内重复了三次缩火现象，这又是其他型号没有遇到的怪现象。经过三次缩火，发动机才转入主级。这次试车虽然成功了，但为什么启动过程缩三次火呢?

发动机单独在试车台上用地面贮箱和供应系统试验时，没有发生过这种现象，为什么与运载火箭贮箱连起来试验就产生缩火呢？通过分析启动参数才知道，是液氢泵的扬程三次下降到零，造成燃烧室三次灭火。大家都认为是氢系统内有气造成的，而且通过进一步分析，发现第一次、第二次试车都有不同程度的缩火。问题严重了，万一空中飞行时出现缩火，火箭非翻跟斗不可。

试车后对缩火问题进行了故障分析，并采取了相应的改进措施。1982年

12月13日，进行第四次简易试车，第一次启动无缩火，可第二次启动又出现了严重的缩火现象。这说明第一次的故障分析不到位，所采取的措施还没有完全解决问题。“331”工程的计划进度已经排定，长征三号运载火箭要在1983年11月出厂，1984年2月发射。可时至1982年年底，缩火这样的重大技术难题还没有解决，实在令人着急。

技术人员通过进一步分析研究，认为主要原因是在垂直状态下低温推进剂进入发动机后产生的气阻影响，比发动机处于45度状态时更大，从而使启动段的流量很快下降，造成氢泵失速而导致缩火。他们决定采取增大启动时的液氢流量、提高涡轮泵的启动率、调整氢氧发动机的启动程序、改善涡轮泵前的液氢品质等四项措施。1982年年底，动力系统试车终于取得完全成功，解决了缩火问题。

出征的时刻即将到来。1983年8月14日，出征前的最后一次三子级试车备受关注。很多人都跑到试车台对面的山坡上，因为在这里可以看到试车全景。有关技术人员则留在监控室，通过闭路电视，聚精会神地观察发动机的各个部位，认真查看试车过程中发生的任何异常现象。

试车开始了，从第一次关机到滑行段，从第二次启动到第二次关机，一切正常！朱森元和同事们，以及前来观看试车的兄弟单位的同志们欢呼雀跃，高兴极了，多么成功的试车啊！这一成功表明，长征三号火箭的下一站，就是把我国第一颗地球同步轨道通信卫星送往太空。

朱森元

朱森元院士传记

Academician Zhu Senyuan's Biography

第六章

中国航天里程碑的见证

作为开拓低温发动机领域的领军人物之一，朱森元既是我国航天事业重大里程碑的见证者，更是氢氧发动机领域的功臣。

1. 柳暗花明，胜利在望

1983年5月25日，长征三号火箭三子级全系统试车，第一次工作正常，按预定程序关机。第二次启动后50多秒，三级仪器舱起火，被迫紧急关机。困难接踵而至，有人对液氢液氧发动机能否很快投入使用产生了怀疑。但科研人员没有灰心，全力投入故障分析，很快找到了引起液氢排气管爆炸的原因，并采取了改进措施。8月2日，国防科工委召开了“331工程”工作会议，会上确定了发射我国第一颗地球同步轨道通信卫星的时间。除YF-73氢氧发动机还在攻关外，五大系统的其他工作进展都很顺利，均按时完成任务。发动机研制人员的压力很大，如再出现问题，将延误国家任务。为了保证下次试车成功，在准备过程中，大家吃住在试验站，千方百计找隐患，预想可能发生的事故。试验前几天，科研人员吃不下饭，睡不着觉，躺在床上都在思考问题。8月14日，第二次三子级全系统试验取得圆满成功。“331工程”会议最后决定，首次发射通信卫星的时间为1984年1月20～30日，要求1983年9月中旬交付发动机，运载火箭10月中旬出厂。经过全院有关单位的日夜奋战，终于在10月初准备好了第一发运载火箭，10月中旬，火箭离京，被运往西昌卫星发射中心。

1983年10月10日，长征三号火箭试验队奔赴西昌卫星发射中心，执行我国第一颗地球同步轨道通信卫星的发射任务。十一所试验队由朱森元任队长，江希藩任副队长。王之任副总师一个多月后也来到发射场。刘传儒所长和王桁副所长在发射前十几天也到达发射场。由于是第一发，准备时间比较长，预定1984年1月26日发射。26日下午，加注完液氧后，发现箭上陀螺平台已超过工作寿命，必须更换，指挥部下令暂停发射。发射日期推迟到1月29日。

1984年1月29日，春节前夕，全国各地一派节日景象，西昌卫星发射中心仍处于决战前的繁忙之中。中国最大的运载火箭——长征三号载着东方红二号试验通信卫星，矗立在发射台上，欲将卫星送入36000千米的地球同步轨道。这是期盼已久的日子，这一天大家起得很早，有些同志早晨6点就赶到现场，进行发射前的准备工作。

一切准备就绪，参试人员分批撤离现场，控制室里的时钟走到20点24分2秒，一股巨大的火焰从火箭尾部冲出，乳白色的长征三号火箭腾空而起，踏上了飞往太空的征程。大屏幕上显示着飞行的轨迹，一、二级工作正常，三级点火了！大家屏住呼吸，紧盯着大屏幕。4分钟后，“远望号”远洋测量船发回了三级火箭发动机正常二次关机和星箭分离的消息，西昌卫星发射中心一片欢腾，十一所的同志们互相拥抱、祝贺。

90多分钟后，所领导和主任设计师们被叫到大队部开会，大家焦急地等待着。大约一小时后，领导们回来了，刘传儒所长向大家传达了一个消息：长征三号火箭未进入预定轨道。火箭一、二级飞行正常，第三级第一次启动后飞行正常，经过200多秒滑行后，开始第二次点火启动，点火仅3秒，燃烧室压力下降，发动机失去推力，未能将卫星送入预定轨道。通信卫星在一个低轨道上运行，遥测系统继续做些测轨参数试验。西安卫星测控中心捕捉到了卫星飞行轨道，表明其是一颗近地卫星。刘传儒所长要求参试人员在思想上做好充分准备，和兄弟单位一起搞好故障分析工作。大家非常难过，没吃晚饭，一夜不能入睡。

次日凌晨4点，第一批遥测数据送到了十一所试验队。大家立即对遥测数据进行分析，查找原因。仅从推力室压力和涡轮泵转速就可看出，三级发动机二次启动仅3秒后工作就不正常，10秒后推力室熄火，说明这次失败是氢氧发动机二次工作不正常引起的。经过3天反复讨论，大家提出许多看法和建议。2月3日，总师系统召开试验队、发射基地等有关单位参加的故障分析大会，得出了产生故障的原因，采取了改进措施。

遥测数据分析表明，第二次启动后几秒，涡轮壳体被烧穿，发动机推力迅速下降到零。这显然是发动机启动混合比太高造成的。针对这个分析，决定采取特殊的控制副系统启动混合比、延长二次启动前的预冷时间、增加氦气吹除等三项措施，并以最快的速度进行多次地面试车。

1984年1月31日，新华社发表新闻公告，向国内外公布了我国发射的第一颗试验通信卫星未进入预定轨道、取得部分成功的消息。我们理解的"部分成功"是指执行任务的五大系统除火箭系统的三级发动机外，都是成功的。这更增加了十一所的压力。在困难面前，十一所的领导和主任设计师们组织全体参试人员从近万个遥测数据入手，夜以继日地进行分析、计算和讨论，让每个人充分发表意见。上级领导也经常出现在十一所驻地，任新民副部长、张镰斧院长、谢光选总师等领导更是自始至终地参加十一所的讨论，提出了许多有价值的意见，不断把故障分析工作引向深入。

1984年除夕夜，晚6点，试验队大会餐，在欢度除夕的同时庆祝长征三号火箭"部分成功"。宴会上，兄弟单位兴高采烈地举杯欢笑，唯独十一所两桌冷冷清清。大家一语不发，拿不起筷子，举不起酒杯，包括王之任、朱森元等在内，大家心情都很沉重，有的同志流下了眼泪。直到发射队领导到十一所桌前敬酒时，大家才拿起筷子勉强吃了几口。晚上，中央电视台春节联欢晚会上，张明敏的一曲《我的中国心》征服了观众，姜昆、马季的相声，陈佩斯的小品，引得观众捧腹大笑，兄弟单位的宿舍不时传来欢呼声、掌声，十一所的宿舍却沉浸在一片紧张的工作中。昏暗的灯光下，所领导和朱森元等科研人员正在讨论问题。申怀群、黄国璋等还在处理遥测数据，绘制参数曲线，闻毛南、马金涛、张善群受命起草准备进行大型放气试验的大纲。

2月2日，春节，5号大厅聚集了大批人，实验结果初步验证了发控气瓶压降对发动机工作的影响。技术人员按要求对实验结果写了总结，由试验大队签发，报国防工科委和部、院。

经过十几天的紧张工作，大家统一了认识，对火箭的发动机状态确定了降低副系统发生器启动时的混合比等三项改进措施。根据领导安排，参试人员对如何实施这三项改进措施进行了反复论证，并将结构改进方案具体化，由陈炳芳副主任等返京协助前方组织实施。

2~4月，是西昌春暖花开的时节，过了4月就要进入雨季，将给发射工作

1984年2月，朱森元在西昌卫星发射中心

带来很多不利。因此，第二次发射必须抢在4月中旬以前完成。在这样紧迫又艰巨的任务面前，大家接受了时间的挑战。前方靶场由王之任、朱森元、江希藩主持故障分析和设计更改工作，后方北京由刘传儒、顾明初、王桁负责发动机的生产和试验工作，前后方共同战斗。春节没休假，日夜加班。在发射场，申怀群、黄国璋等进行参数计算、分析和整理。闻毛南负责系统设计更改，马金涛、陈炳芳负责结构件的更改设计工作，郑斯芬负责控制电缆设计更改。没有制图版，他们便在桌面上绘图，仅用3天时间，就完成了所有系统的更改图、导管和各个组件的结构图及有关的生产技术文件。2月7日，通过传真电报传回211厂，厂方立即开始生产准备。同时主管发动机总装的技术人员马金涛立即飞回北京，从机场直接去生产车间进行技术交底，配合生产。工厂的工人师傅们加班加点，以最快的速度完成了所需的零组件，仅10天时间就改装好了一台发动机，并于2月20日试车成功。在以后的一个多月时间内，又经过多次试车，证明改装后的发动机工作状态良好。

2. 呕心沥血，见证辉煌

在“一切为了331，一切服从331，一切服务331”的口号指引下，通过前后方的共同努力，在

211厂、101所等单位的大力协同下，朱森元和同事们在短短的40天内完成了故障分析、新技术状态的确定和改进设计、生产、试验和试车考核等各项工作。3月8日，长征三号火箭终于再次出现在5号阵地上。22日，改进后的各项零件运抵西昌卫星发射中心。23日，对已经竖立在发射台上的火箭开始进行改装工作。这是一项艰巨的工作，机舱里空间狭小，导管密布，如蜘蛛网一样，却不能碰撞，改装人员既不能站，也不能坐，只能弯腰工作。为了检修导管，工人师傅从入口爬进爬出几十次，终于在短短的3天内，高质量地完成了改装任务。

1984年4月8日，距前一次飞行试验仅70天，第二发长征三号火箭又矗立在了发射台上，准备第二次发射。发射前的各种测试检查顺利通过，19点20分，火箭准时起飞，喷射着巨大的火柱渐渐离开发射架，循着第一发飞行的轨道不断上升，向太空飞去。和前一发火箭一样，三级第一次工作正常，滑行段结束，第二次启动后，发动机完全按程序要求完成工作。24分钟后，火箭入轨、箭星分离，深夜传来了卫星进入预定大椭圆轨道的消息，远地点为35900千米，近地点为202千米。

大家终于松了一口气，控制室里再也无法保持平静了，许多同志都流下了激动的热泪。当话筒里传出火箭飞行速度达到10.7千米/秒时，发射场沸腾了，

1984年4月，朱森元在西昌卫星发射中心等待第二次发射

欢呼声、祝贺声和从话筒里传出的“第二次关机正常”的报喜声混杂在一起，组成了一曲胜利之歌，回荡在整个发射场。长征三号运载火箭胜利完成了任务。

3天后，卫星上的远地点发动机启动成功，卫星进入准同步轨道。地球同步轨道通信卫星的发射成功，标志着我国航天技术又上了一个新台阶，我国成为继美国、苏联、欧洲之后第四个具有地球同步轨道卫星发射能力的国家。氢氧发动机的研制成功，填补了我国低温发动机的空白，使我国液体火箭发动机技术达到了世界先进水平。

1984年4月16日，通信卫星成功定点在东经125度赤道上空。

当天，试验队员回到北京，张钧等部、院领导亲自到站台迎接，马云涛主持了盛大的欢迎会，少先队员为他们献上了一束束鲜花。4月18日，中共中央、国务院、中央军委电贺试验通信卫星发射成功。美国航空航天局局长贝格斯发来贺电：“你们完全可以为中国航天计划中的这一重要里程碑而感到自豪，仅有少数几个国家达到了这次发射所显示的技术能力。”

氢氧发动机研制经历了艰苦卓绝的努力，终于为祖国航天事业的新飞跃做出了自己的贡献，登上了现代科学技术的一座新高峰。地球同步轨道卫星发射成功，标志着我国运载火箭跨入了低温高能的氢氧上面级技术时代，进入了世界先进行列。

作为开拓低温发动机领域的领军人物之一，朱森元既是我国航天事业重大里程碑的见证者，更是氢氧发动机领域的功臣。他以高超扎实、踏实严谨的技术素养以及不达目的誓不罢休的刻苦钻研精神，协同、带领氢氧发动机研制团队，克服了氢氧发动机研制过程中的一个又一个难关。1985年，YF-73氢氧发动机项目获国家科技进步奖一等奖，1995年10月1日，朱森元凭其在氢氧发动机领域所做出的重大贡献，被评为中国科学院院士。

3. 中流砥柱，无私奉献

长征三号火箭研制是一项系统工程，涉及多个单位、多个系统，能顺利完成，靠的正是像朱森元这样的大批科技骨干形成的网络。“331”工程总设计师任新民多次直言不讳地说：“总师也不是全才，一个型号涉及那么多单位、那么多专业，总师必须有一个科技骨干的网络，这个网络中的科技骨干不一定是技术上最拔尖的，但必须是技术上比较强的，尤其重要的是在对技术问题的研究讨论中要讲真话、讲实话，协调问题时要实事求是。这样，解决技术难题和协调难题时，这个网络就会发挥作用。了解研制工作的情况，通过这个网络就唾手可得。”靠着这些技术骨干形成的网络，产生棘手的技术关键时，问题便迎刃而解。

1984年1月，长征三号火箭矗立在西昌卫星发射中心的塔架上。主管国防工业的国务院副总理张爱萍坐镇成都，对这次发射寄予厚望。液体火箭发动机方面的前辈、航天老专家任新民作为“331工程”总设计师要去成都汇报，出发前向各分系统负责人征求意见。朱森元说：“三级氢氧发动机的一次启动可以保证成功，但二次启动没有办法做地面模拟试验，‘百分之百’的话，现在还不敢说。”

确实，在当时的航天界，空中二次启动是个难点。美国历经多次失败，才掌握了这一技术。1977年朱森元出访法国，当欧洲人得知中国要冲击空中二次启动技术时，很坦率地对他说：“对于你们，我们表示怀疑。”

1977年11月至12月初，朱森元随中国通信卫星技术出国考察团访问法国。这是我国在高技术领域第一次出国进行技术交流，国务院非常重视，驻法大使直接过问考察活动，考察活动取得了重大收获。

当时，我国氢氧发动机预先研究还处于初级阶段，虽然进展较快，但氢氧发动机如何在火箭上应用、可能会出现什么难题，大家都不太清楚。

法国是欧洲研制阿里安火箭的主要国家之一，对我国考察团的访问和交流表示欢迎。

考察团重点考察的对象是氢氧火箭发动机的主要承包商SEP公司(欧洲航天动力公司)。法方向我们开放了阿里安火箭第一级发动机及第三级氢氧火箭发动机总装车间。经驻法大使馆交涉，又允许考察团成员参观了在法国东南部格勒诺布尔市（Grenoble）的“液化空气”公司负责的液氢贮箱低温绝热聚氨酯的发泡生产过程。

考察取得的主要收获是：氢氧火箭动力系统需要一种简易试车状态来解决火箭发动机从真空绝热试车台系统过渡到火箭发泡绝热系统的技术问题；运载火箭发射时加注液氢之前需要注意的问题和一些具体操作事项等；中法两国的氢氧火箭发动机的绝热材料虽然不同，但绝热部位及解决绝热系统问题的思路都相同，由此我们可以按照自己的途径坚定不移地走下去。

让人担心的事还是发生了。1984年1月29日，长征三号火箭第一次执行发射试验通信卫星任务，所有人最关注的氢氧发动机二次启动出了问题，卫星未能进入预定轨道。压力自然落到了氢氧发动机技术负责人朱森元头上。

1977年11月16日，中国通信卫星技术出国考察团和 SEP 公司总裁及其技术人员合影（前排左三为 SEP 公司总裁 Jarry 先生）

1977年11月16日，中国通信卫星技术出国考察团赴 SEP 公司试验基地参观 PF-41试车台、PF-42氢氧发动机 HM-7试车台，并进行技术讨论

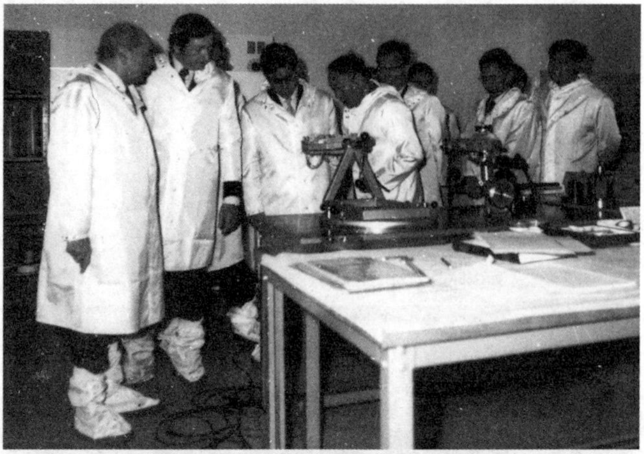

1977年11~12月，朱森元（前排中）在SEP公司活门涡轮泵装配工段参观（左一为法国CNES国际关系部Bedel先生）

1980年，朱森元（前排右二）陪同法国空间技术代表团成员游览长城

2003年9月11~13日，朱森元应邀在航天领域低温工作会上作“新一代运载火箭的大推力氢氧火箭发动机低温技术的新要求问题”报告

2003年9月12日，朱森元在新疆天池“定海神针”前留影

压力，压得氢氧发动机组的技术人员们透不过气来，他们二话不说，一个猛子扎进资料堆里，寻找问题的根源。本来就沉默寡言的朱森元更是沉默不语，他化压力为动力，抛开一切非议和质疑，沉下心来，与氢氧发动机研制团队一起进行分析、试验。

天道酬勤。1984年4月8日，长征三号火箭发射成功。山里的庆功宴并不丰盛，但酒是少不了的。试验队队长张镰斧为这70天，向朱森元敬上一碗酒，他一饮而尽。朱森元从来不喝酒，他喝掉的是队员们为他准备的“酒”——白开水。

20世纪60年代初，美国首次在宇宙神-人马座运载火箭上使用以液氢液氧为推进剂的发动机。这种发动机性能优越，真空比冲可达450～470秒，比一般常规推进剂发动机的比冲高50%以上。氢氧发动机的另一个优点是液氢和液氧无毒，燃烧产物也无毒，不会造成环境污染。但是，液氢和液氧的沸点都很低，液氢的密度也小，易燃易爆，这些特点给氢氧发动机的研制和使用带来了很多困难。我国液氢液氧火箭发动机预研工作断断续续地进行了10年。从1976年4月YF-73发动机作为正式型号开始研制，到1984年4月长征三号火箭飞行试验成功，又度过了艰苦紧张的8年。8年中，进行了140多次热试车，攻克了十几项重大技术关键，取得了很多宝贵

1985年12月，氢氧火箭发动机试验队成员与中心领导佟副司令员（中）在西昌卫星发射中心合影

的经验，为我国研制更先进、更大推力的氢氧发动机打下了良好的技术基础。

1985年5月，YF-73发动机项目获国家科技进步奖一等奖。

氢氧发动机及第三级为氢氧发动机的运载火箭，在中国航天科技工业发展过程中发挥的巨大作用，在实践中被一次次地证明。在YF-73的基础上改型研制成功了YF-75氢氧发动机，又研制成功了以YF-75为三级发动机的长征三号甲运载火箭。以此为基础逐步形成了包括长征三号甲、长征三号乙、长征三号丙三种型号的长征三号甲系列运载火箭。YF-73的研制、长征三号火箭的研制，都为YF-75的研制、长征三号甲系列火箭的研制，在科技成果储备、设施设备条件、科研队伍建设以及研制与管理经验的总结等方面，奠定了坚实的基础。长征三号火箭进行了12次发射，成功地将国内外8颗通信卫星和2颗风云二号气象卫星送入预定轨道。截至2015年12月31日，长征三号甲系列运载火箭成功地进行了70次发射，不仅成功发射了多颗国内通信、气象、导航等多种卫星和嫦娥探月卫星，为国民经济建设、国防建设、社会发展和科学技术进步做出了重要贡献，还成功完成了多颗国外通信卫星的国际商业发射服务，赢得了良好的国际声誉，提升了我国的国际地位，并为我国通信卫星整星出口提供了发射服务。三级为氢氧发动机的运载火箭已在我国长征系列运载火箭中占据了半壁江山，长征三号甲系列运载火箭还将为中国航天事业做出新的更大的贡献。

这其中，长征三号火箭的开拓作用功不可没，长征三号火箭和长征三号甲系列运载火箭在中国航天事业中的地位、作用举足轻重，研制长征三号火箭和长征三号甲系列运载火箭的团队功勋卓著。

由于运载能力不能满足未来航天发展要求，YF-73氢氧发动机随长征三号火箭于2000年完成了自己的历史使命。在YF-73发动机的研制过程中，积累了宝贵的技术和精神财富，这座丰碑，将永远矗立在我国氢氧发动机研制的历程中。

4.展示实力，走向世界

1978年12月18~22日，中国共产党在北京召开了十一届三中全会，作出了把党和国家的工作重心转移到经济建设上来、实行改革开放的历史性决策。在十一届三中全会的春风吹拂下，神州大地万物复苏、生机勃发，我国航天事业也随之充满活力地踏上了新的征程。

乘着改革开放的东风，中国航天人看到了自己与世界的差距，同时也看到了发展机遇。他们开始酝酿一个大胆构想：打出去，用我们的火箭去承揽国外卫星发射业务，这样既可以为国家赚取外汇，又可以保存、锻炼、提高自己的科研队伍，促进中国航天事业的发展，同时还可以振兴国威，团结海内外炎黄子孙。

1982年3月，全国人大常委会第22次会议通过关于国务院机构改革问题的决议，七机部更名为航天工业部。同年8月，中国代表团出席第二次联合国探索与和平利用外层空间大会时，宣布为支持联合国执行外空应用计划认捐5万美元，并作为东道国承办亚太地区空间科学和技术进展应用讨论会。会议期间，中国代表团副团长、航天工业部总工程师孙家栋等还介绍了我国航天活动的成就，并表达了可为其他国家提供卫星发射服务的意愿。1984年4月，长征三号火箭将东方红二号试验通信卫星成功地发射到地球同步轨道，这也向世人宣告，中国具备了高轨道卫星的发射能力，完全可以满足商业通信卫星的发射需要。

20世纪80年代以前，国际上的通信卫星发射市场基本上由美国独家垄断。1981年4月，美国哥伦比亚号航天飞机开始商业飞行，美国遂停止了一次性使用运载火箭的生产，并封存了一批已经造好的运载火箭。由于航天飞机单次飞行成本太高，欧洲的阿里安运载火箭开始打进一直被美国垄断的商业卫星发射市场，并在3年中抢占了约67.5%的国际市场份额。

为了尽快将中国的长征系列运载火箭推向世界，打破欧、美两家瓜分国际卫星发射市场的格局，航天工业部于1984年5月成立了国际商业卫星发射服务市场开发“十人小组”。1985年6月，中国航天工业代表团参加在日内瓦举行的国际空间大会，并作了题为《中国为世界提供发射服务的可能性》的报告，首次播放了反映中国航天技术发展成就的录像片。同年10月，航天工业部部长李绪鄂代表中国政府向世界宣布：长征系列运载火箭将投放国际卫星发射服务市场，承揽为国外发射卫星的业务。1986年1月，航天工业部与瑞典空间公司签署了用长征二号丙遥十火箭搭载发射瑞典“邮政星”（后改称“弗利亚星”）的发射订座协议。这是中国进入国际卫星发射市场的第一个订座协议。

此后一段时期，美国和欧洲的卫星发射接二连三地出现事故。1986年1月28日，美国挑战者号航天飞机升空后爆炸，7名航天员全部遇难。4月28日，库存多年的美国大力神火箭发射侦察卫星时，升空几秒后发生爆炸。5月3日，美国德尔塔火箭发射气象卫星时，升空91秒后飞行姿态失去控制，地面控制人员被迫发出了炸毁指令。5月30日，法国阿里安火箭发射国际通信卫星V也惨遭失败。

1984年10月初，朱森元访问德国MBB公司

1984年10月初，任新民（右）和朱森元（左）在德国MBB公司组织的慕尼黑和奥地利边界山区旅游时合影

1984年10月22~26日，受法国空间局CNES的邀请，中国通信卫星技术代表团到法属圭亚那首府卡宴（Kayane），参观库鲁发射塔（右五为朱森元）

1984年10月24日，中国通信卫星技术代表团参观ARIANE-4运载火箭发射塔（前右一为朱森元）

1984年10月25日，中国通信卫星技术代表团和法国接待人员一起游览亚马逊河下游的热带雨林（四排右一为朱森元）

航天事业本是一项充满危险的事业，国际航天界在100多天内发生如此多的惨剧，令人痛心不已。在这样的背景下，中国长征三号火箭于1986年2月1日再次发射东方红二号通信卫星取得成功，弥足珍贵。面对天上运行的卫星寿命即将到期、地上准备好的卫星排队等待发射的窘境，外国卫星的制造商们开始将眼光投向曾被他们冷落的中国长征系列运载火箭。

1986年7月17日，国务院和中央军委在中南海召开会议，听取了国防科工委和航天工业部关于发射外国卫星工作情况的汇报，讨论了中国航天能不能按照国际市场规则对外提供发射服务的问题。会议认为，做好这项工作，不仅经济上可以获益，政治上也会产生重大影响，要求国防科工委同航天工业部制定具体措施，将外国卫星发射工作抓紧抓好。

1986年8月，根据对外谈判进展情况和我国刚开始由计划经济向市场经济过渡的实际，航天工业部会同国家计委、国防科工委向国务院和中央军委呈报了《关于为外国发射卫星若干问题的请示》（简称《请示》），希望国家将发射外国卫星任务列为国家重点任务，将发射设施的扩建列为国家重点建设项目。9月，国务院、中央军委转发了这份《请示》，要求各相关部门按《请示》精神开展工作，统一将发射外国卫星工作列为国家重点工程，代号为“867工程”。

此前，1986年6月，航天工业部决定把发射服务市场开发和商业运作业务交由中国长城工业总公司（简称长城公司）专营，以与国际接轨。对于中国航天人来讲，既然国际卫星发射服务市场为中国提供了千载难逢的发展契机，就应该迎难而上，不失时机地实现历史性的跨越。长城公司在开拓国际卫星发射服务业务时，逐渐摸清了国际商业卫星发射的规则与市场情况，他们意识到，长征三号火箭的市场并不大。通信卫星当时正处在更新换代阶段，主流的只有24个转发器、重量不超过1.5吨的通信卫星将逐渐被重达3吨的大容量、多功能、长寿命的新一代卫星所取代。由航天飞机遗留下来的24颗美制卫星中有12颗的重量超过了长征三号火箭的运载能力，中国要想在国际发射市场占有一席之地，就必须研制出具有大运载能力的捆绑式火箭。为此，长城公司决定，选取美国休斯公司为西联通信公司设计制造的“西联星6S”和“西联星6号”，作为全力以赴跟踪的目标，争取让长征三号火箭取得突破。另一方面，也开始着手准备大运载能力的火箭研制工作。

经过多方努力，冲破重重阻力，1986年9月，长城公司与美国西联公司在北京签订了用长征三号火箭发射“西联星6S”的发射订座协议。可惜由于经营不善，西联公司不久后宣告破产，新成立的美国特雷卫星公司接过西联公司的订座协议，于1987年1月28日与长城公司正式签订了发射合同，并支付了卫星发射订座费用。这是中国宣告对外承揽商业卫星发射业务后获得的第一个正式合同。同年2月，长城公司与美国泛美公司签订了一份卫星发射合同。1989年1月23日，长城公司又与亚洲卫星有限公司签订了使用长征三号火箭发射亚洲一号卫星的合同。“亚洲一号”前身为美国休斯公司为西联公司设计制造的“西联星6号”，这颗发射失败后被航天飞机从太空中捕获回来的卫星几经周折，最终落入亚洲卫星有限公司手中，并改名为“亚洲一号”。

合同虽然已经签订，但用中国长征三号火箭首次发射亚洲一号卫星，在技术方面也遇到了很多困难：技术保密问题、技术规格问题、星箭相容问题、运输保管问题。尤其是技术规格问题，中国的运载火箭是在自力更生的基础上研制出来的，许多技术规格是中国人自己制定的，另一些则是沿用了苏联时期的做法。当中美两国技术人员坐在一起交接时，中方才明白，国外的火箭与卫星的接口，原来都是按统一的国际标准设计的，而长征三号火箭与亚洲一号卫星的接口，即过渡锥的尺寸原来根本就不匹配。最终，中方根据客户要求，重新按照国际标准设计卫星的过渡锥和包带。

1990年2月10日下午6点，装载亚洲一号卫星及其测试设备的波音747飞机

1990年7月，朱森元参加在美国奥兰多（Orlando）举行的AIAA会议

1990年7月，朱森元参观在美国代顿（Dayton）举行的航展。图为朱森元在展出的美国航天飞机主发动机SSME前留影

1990年7月，朱森元在代顿航展上参观美国GE公司展出的最先进的吸气式航空发动机

离开洛杉矶，经停夏威夷和北京，于2月12日中午12点35分，运抵西昌机场。

历史总是惊人地相似。当人们沉浸在迎来“亚洲一号”的喜悦时，国际航天界又接二连三地出现事故。2月22日，为日本发射超鸟B通信卫星和BS-2X直播电视卫星的阿里安4火箭发射失败；2月28日，美国航天飞机“亚特兰蒂斯号”发射的KH-13侦察卫星在空中爆炸；3月14日，美国大力神3火箭发射国际通信卫星Ⅵ失败。长征三号火箭又一次被推上了重大的国际竞赛中。加上发射的专家和技术人员来自不同的国家和地区，各自使用的语言和思维方式、社会习惯、工作方法等迥异，发射组织协调工作异常复杂。中国航天人承受着巨大的心理压力。

为了保证发射成功，航空航天工业部组织了一支近400人的试验大队，其中三分之二的人员刚刚参加完1990年2月4日长征三号火箭的第六次发射。这支试验大队的平均年龄超过48岁，团队骨干年龄差不多都超过了50岁，是一支久经沙场、经验丰富、作风过硬、值得信赖的队伍。尽管他们已在西昌发射现场连续工作了好几个月，但为了祖国的荣誉、为了中国航天的未来，他们仍以饱满的热情坚守岗位，努力做到“严肃认真、周到细致、稳妥可靠、万无一失”。十一所的申怀群随专列进场，10天以后，由于身患绝症，被送回北京治疗，不久就离开人世。大战在即，却痛失战友，怀着巨大的悲痛之情和对战友的深切怀念，伟大的航天人不屈不挠，坚定信念，誓将首次外星发射任务圆满完成。

1990年4月7日晚，长征三号火箭在数百名境外来宾的现场见证下腾空而起，成功地将美国制造的亚洲一号卫星发射至预定轨道。发射场面经现场电视直播，传送到亿万人的眼前，显示了中国航天人的勇气、胆略和自信，揭开了中国运载火箭走向世界的历史帷幕。“亚洲一号”的成功发射，也表明长征三号火箭试验大队这支团队，完全有实力冲出国门，走向世界，承担任何商业通信卫星的发射任务。

朱森元

朱森元院士传记

Academician Zhu Senyuan's Biography

第七章

金牌发动机的创新应用

1987 年到 1992 年，朱森元一直担任 863-204 专家组成员，为我国氢氧发动机的创新发展和中国航天事业的辉煌跨越发挥了积极的作用。

1.大胆创新，一机多用

1986年3月5日，对于中国科技界来讲是一个值得纪念的日子。中央军委主席、中顾委主任邓小平批阅了一份由王大珩、王淦昌、陈芳允、杨嘉墀4位科学家提交的题为《关于跟踪研究外国战略性高技术发展的建议》的报告。当年11月，中共中央、国务院批准实施《中国高技术研究发展计划纲要》（简称“863”计划）。“863”计划对后来的中国高新技术的发展产生了重大影响。“863”计划中，航天技术被列为第二个重要的高技术领域（简称863-2），主题项目之一为大型运载火箭和天地往返运输系统（简称204主题项目），主要是研制能发射小型空间站的大型运载火箭和研究发展天地往返运输系统。1987年到1992年，朱森元一直担任国防科工委、国家高技术领域863-204专家组成员，为我国氢氧发动机的创新发展和航天事业的辉煌跨越发挥了积极的作用。

“863”计划的另一个主题为空间站系统及其运用（简称205主题项目），主要研究发展规模较小、性能先进、模块式的空间站系统，并进行空间科学与技术研究，实现载人空间飞行。朱森元和十一所组织的部分科技人员积极参加

1991年11月16日，朱森元（前排右二）在液体火箭发动机发展规划会上讲话

1994年8月，朱森元主持RD-120液氧煤油发动机组合件研制课题验收会

1995年8月12日，火箭发动机和大型运载火箭专家组验收“863”航天高技术领域课题（右二为朱森元）

航天高技术领域有关航天运输系统的发展论证工作，并结合国外大推力氢氧发动机的发展趋势，对我国大推力氢氧发动机的应用前景提出了种种设想。

1986年3月，国务院批转了航天工业部起草的《关于加速发展航天技术的报告》。航天人期盼已久的“一箭三星”项目，即长征三号甲运载火箭、东方红三号通信卫星、风云二号地球同步轨道气象卫星、资源一号卫星研制项目正式批准立项。

长征三号火箭于1984年4月8日首次发射成功后，一院的研制人员就开始酝酿新型火箭的技术发展途径与设计方案，于1985年年初提出了在长征三号火箭的基础上“上改下捆、先改后捆、分步实施”的发展思路。“上改”就是对长征三号火箭的第三级进行重新设计；“下捆”就是在一级火箭的四周捆绑若干个液体助推器；“先改后捆”是指先在芯级（即中心级）火箭的改造上下功夫，改成了，再研制以其为基础的捆绑助推器。对长征三号火箭的第三级进行重新设计后的火箭，后来被命名为长征三号甲火箭，在长征三号甲火箭的一级四周捆绑四个助推器的火箭成为长征三号乙火箭，捆绑两个助推器的火箭成为长征三号丙火箭。

1986年2月，一院审定了长征三号甲火箭的总体技术方案；2月28日，航天工业部在上报给国务院的报告中肯定了这一总体技术方案；3月31日，国务院批准了这一报告；5月3日，国防科工委发出《关于迅速发展广播通信卫星工程研制建设工作的通知》，规定卫星通信工程包括东方红三号卫星、长征三号甲火箭、西昌卫星发射场、卫星跟踪与测量控制系统、卫星应用系统五大系统，工程代号为“862”，发射时间为1992年。国内卫星通信需求上升，促发了长征三号甲火箭的问世。没有“862”工程，长征三号甲火箭就不可能立项，也就不会有后面的长征三号乙、长征三号丙火箭。从这个意义上来说，长征三号甲火箭在我国航天事业发展史上起到了重要的承前启后的里程碑作用，它是改革开放的产物，是我国打开国门、走向世界的结果。

YF-75发动机是我国第二代上面级发动机，用作长征三号甲系列火箭的第三级发动机。1986年开始研究，1994年首飞成功。由于有YF-70发动机的预研和YF-73发动机的型号研制经验，采用了许多新技术，研制过程较为顺利，反复较少，发动机性能与可靠性较高，使我国氢氧发动机研制水平向前迈进了一大步，达到国际同类发动机水平。在YF-73发动机随长征三号运载火箭退役后，YF-75发动机成为当时我国现役的唯一氢氧发动机，作为上面级氢氧发动机，其使用范围扩大并服役至今。

据十一所YF-75发动机项目负责人王桁回忆，早在1976年，长征三号火箭立项论证时，三级氢氧发动机就有两种可选的方案：两台YF-70发动机并联，总推力8～10吨，可承载近2吨的转移轨道有效载荷。但需要研制新的伺服机构，三级贮箱直径也要加粗。用YF-70涡轮泵，供应4台小推力室，总推力4.5吨的YF-73发动机方案则没有这些问题，但不能充分发挥火箭的潜力，运载能力只有1.25吨。由于当时所运载的卫星重量也不超过1.25吨，从突破氢氧发动机技术、尽快取得上型号资格的目标考虑，决定采用YF-73发动机。1984年，长征三号火箭发射成功，氢氧发动机取得了无可争辩的地位，但从长远需求来看，长征三号火箭的运载能力较小，需要发展更大运载能力的长征三号甲火箭。1984年12月，十一所上报了《对长征三号甲第三级用氢氧发动机的意见》，建议使用YF-70双机并联、总推力10吨的方案。

1985年3月，一院组织了长征三号甲火箭的方案讨论，5月，再次召开方案讨论会，一致认为应采用“上改下捆”方案。具体来说，“上改”是指将长征三号火箭第三级发动机更换为两台7.5吨推力的单机并联方案；“下捆”是指火箭的一级增加助推器。单独采用“上改”方案时，火箭的转移轨道运载能力在2吨以上，成为长征三号甲火箭；同时采用“上改下捆”措施时，转移轨道运载能力超过5吨，成为长征三号乙火箭。1986年2月，我国决定开发东方红三号大型通信卫星，拟用长征三号甲火箭来发射。同年2月27日，在长征三号甲火箭总体方案指标审定会上，最终将三级发动机单机推力定为8吨，发动机代号为YF-75。1986年3月10日，YF-75设计队伍组成，研制工作全面展开。

由于YF-75发动机研制周期紧、经费少、可靠性指标高，为了加速发动机的研制进度，研制人员在充分掌握系统特点、组件性能和具有丰富工作经验的基础上，大胆提出并实施了“一机多试”的新概念，不仅按时交付了合格的发动机，而且为国家节省了大量的科研经费。

设计初始，十一所和项目有关负责人提出了明确的指导原则：尽量利用已有成果，采用先进技术，实行可靠性设计，向国际验收标准靠拢，一机多试，节省投资。设计中，根据YF-70和YF-73的研制经验和已有的预研成果，迅速确定了发动机技术方案的框架。YF-75发动机采用双涡轮泵推进剂供应系统、双向摇摆、推进剂利用系统、高性能推力室、扰流式不冷却燃气发生器、抬座式泵前球阀、气路液路静密封防漏等多项先进技术。其总体技术水平，包括设计与制造，不仅在国内是最先进的，在国外也达到了同类发动机的先进水平。控制三级发动机摇摆的伺服机构，也是重新设计的高难技术项目，所用的是高压低温氢气气动机。采用这一技术有许多好处，最突出的是简单可靠，并且可以减轻100多千克的结构重量。给第三级火箭液氧贮箱增压用的高压低温氦气增压系统，是世界上第二个依靠本国力量研制成功的高难技术项目。这一技术的采用，不仅使火箭运载能力提高了约200千克，还使三级发动机第一、二次点火工作之间的无动力滑行时间基本不受限制，因而可以灵活地满足不同卫星的发射需要，改善了火箭的使用性能。

YF-75发动机的技术起点非常高，但研制经费投入却非常低。为了解决高技术和低投入这一对矛盾，研制人员费尽心机，从技术途径、设计方案、研制试验方法及程序等多个方面，进行了充分的研究和论证，终于创造性地拿出了适合中国国情、又快又好又省的设计与试验方案。例如，研制新的上面级火箭发动机，都必须在飞行前做高空环境模拟试车。如何在地面上模拟发动机上天后点火时的高空环境呢？西方航天大国一般都采用“外能源抽空”的办法，以形成一个巨大的真空室，然后在其中点燃发动机。使用这种办法需要消耗大量的人力、物力和财力，并且相当耗时。YF-75的研制人员采用了一个非常巧妙的办法，完成高空模拟试车，既省时又省钱。

1987年，YF-75发动机设计蓝图开始陆续下厂，8月开始燃气发生器试验，获得成功。1988年9月14日到10月29日，进行了4次燃气发生器与火药起动器联动试验，4次都获得了成功。

至此，研制过程非常顺利。1989年8月31日，YF-75发动机首次进行整机试车。然而，由于设计与工艺人员交流中发生误解，导致火药点火器内部接线错误，不能点火。而在试车前的测试中，因点火器接线错误而出现的异常现象又被操作人员忽视，未能采取改正措施，终于酿成大祸。8月31日整机试车时，当发动机主活门打开后，推力室发生了强烈爆炸，试车台严重受损。

此次事故严重影响了人们对YF-75发动机研制的信心。修复试车台花费了3个月时间，直至 1989年12月20日才进行第二次试车，计划试车时间10秒，工作到8秒时，氢涡轮泵转子松动，转速下降，参数不正常，好在正常关机，基本成功。此后一年时间，陆续进行了5次试车，试车时间相继延长。1990年12月29日，YF-75发动机进行第8次试车，发动机一切正常，顺利完成全程工作，参数平稳。接着，又继续延长发动机工作时间，加大负荷，以期全面、彻底地暴露发动机设计工作中的问题。用较少的发动机，获得较高的可靠性统计数据，就必须尽可能地延长单台发动机的试车时间，直至最薄弱部位达到寿命极限。这也是YF-75发动机“一机多用”研制目标的要求。

为了达到这个目标，研制人员付出了艰辛的努力。曾任长征三号甲火箭总指挥兼总设计师的龙乐豪回忆道："1993年1月20日，在北京西南郊的一个山头上，我们好不容易迎来了长征三号甲第三级火箭动力系统试车的时刻，下午6时30分，已是天寒地冻，北风呼啸的试验场地显得格外寒冷，随着指挥员'9、8、7……'倒计时的口令，参试人员那一颗颗激烈跳动的心几乎蹦到了嗓子眼，刹那间火箭发动机喷出了橙红色的火焰，震天动地的轰鸣打破了山野的寂静，火箭终于点火了！人们期盼成功时刻的到来。但此刻却出现了故障，火箭排氢管仍在燃烧，那长长的火龙在夜幕中显得格外刺眼，也更令指挥员们焦心。因为他们深知这烈焰的危害：如不及时扑灭，装有60立方米液氢液氧的火箭随时都有可能爆炸，造成箭毁人亡的惨剧。庆幸的是，我们的工程技术人员及时果断地排除了这一重大险情，避免了悲剧的发生。已经是两天两夜没有合眼的许多参试人员，又苦熬了一整夜，完成了善后处理工作。面对这一意外失败的结局，我们盯着一大堆显示故障的数据，心里涌动的却是只有自己才知道的难言滋味。我们忘了疲劳和痛苦，立即投入到分析故障原因的战斗中。经过48小时的紧张工作，终于找到了试车失败的原因是一台发动机的液氧涡轮泵卡死。针对故障原因，我们又大胆制定了在试验现场更换液氧泵再次点火的试验方案。这种方案本身就存在现场实施条件极差、质量不容易保证等许多问题与风险，但为了争取时间，也为了节省经费，我们果断地做出这种选择，并严密组织，精心施工，开创了用一发火箭立在试车台上，一共进行了三次动力系统试车的先例。仅这一做法就节省了数千万元的经费，缩短了约一年的研制周期。”

不仅如此，在不断试车、不断分析故障的过程中，一批年轻的科研人员在老一辈专家的带领下，研究了从YF-73到YF-75涡轮泵次同步回旋共振的问题，全面而深入地掌握了解决高速涡轮泵次同步回旋共振的技术，完成了新老交替。这些宝贵的实践经验这样代代相传，使我国的航天事业后继有人，这是老一辈航天人做出的又一贡献。

1993年6月25日到1994年1月12日，YF-75进行鉴定验收测试。第一台发动机500秒试车成功后，发现涡轮泵密封严重泄漏，发动机返厂检查，记录无效。第二台发动机三次试车成功后，第四次试车由于试车台紧急关机，系统误动作，发动机提前关机，而关机后未及时吹除，系统内部出现潮气，发动机只能返厂。4次记录有效，该发动机不再试车。而第一台发动机返修后重新试车，4次试车通过，第五次试车时，第一次启动正常，第二次启动时因二次火药起动器装配错误，火药起动器爆炸关机，发动机返厂，全部记录有效。第三台发动机计划内的5次试车全部通过，追加一次全程试车也顺利通过，6次记录全部有效。

至此，YF-75发动机以优异成绩通过了鉴定验收。1994年2月8日，长征三号甲火箭首飞成功，将“实践四号”科学探测卫星和“夸父一号”模拟卫星送入预定轨道。YF-75发动机表现良好，性能稳定合格，圆满完成发射任务。

从批准立项到首次发射，虽然名义上有8年时间，但从首次试车到火箭首次试飞只有4年半，用了26台发动机，试车86次，累计试车26342秒。如此完美的数据，是YF-75发动机研制团队交出的一份完美答卷，其研制效率在国内大型火箭的研制过程中堪称是最高的。

首次发射任务圆满完成后，改进、提高发动机可靠性的工作仍在继续进行，第二批飞行的YF-75发动机进行了12项60余处改进，通过严格的鉴定试验，可靠性进一步提高，产品合格率进一步上升，实现了高性能、高可靠、低成本、无污染等设计要求，创造了广阔的应用前景。长征三号甲火箭三级氢氧发动机，作为研制运载火箭的四大关键之一，十一所科技人员群策群力，攻克了多项技术关键，使其性能达到了世界先进水平，为我国航天事业做出了重大贡献。

2.质量为本，科学求实

航天型号是一个大规模复杂系统，技术专业面广，接口众多，需要高投入，具有高风险。航天型号的成败，关系到国家的声誉，影响着国家的安危。纵观50多年的航天发展史，最让航天人刻骨铭心的一个词就是“质量”。质量是航天型号永恒的主题，是一切航天活动的生命。

20世纪90年代初期和中期，随着新型号的不断上马，又面临向市场经济过渡、航空航天工业部转为企业、军转民等大环境的变化，价值取向多元化、研制队伍人心不稳等问题随之而来，对质量管理造成了极大冲击，科研、生产、试验中的质量问题不断暴露出来，直接导致中国航天事业跌入低谷。

1996年2月15日，长征三号乙Y1火箭于西昌卫星发射中心首发。凌晨3点01分，载有国际通信卫星的长征三号乙火箭起飞，3秒钟后，火箭偏离预定轨道，在协作楼前的小山坡上爆炸，离试验人员所在地仅1.5千米。星箭俱毁，造成了中国航天史上的一次重大事故。

1996年7月9日，长征三号Y14火箭进场，YF-73发动机各项测试结果正常。转场时，中国航天工业总公司组织专家对火箭技术状态及质量进行了严格评审，氢氧发动机被列为唯一的免评系统。8月18日晚6点27分，火箭升空，由于三级发动机二次工作段提前38秒关机，中星七号卫星未进入预定轨道，发射失败。

长征三号乙、长征三号火箭两次发射外星失败，不仅使中国航天的能力受到质疑，声誉受到损害，而且动摇了国内外用户和国际保险界对长征系列运载火箭的信心。“2·15”和“8·18”的失利，加上此前发生的长征二号E火箭首次发射“澳星”因推力不正常、火箭未能起飞的“3·22”事故，使中国航天进入“失败不起，没有退路，只能成功”的艰难境地。面对国内外对中国航天的质疑，中国航天工业总公司进行了深刻的反思，认识到在改革开放、走向市场经济的大变革中，必须解放思想，转变观念，要在管理机制、管理方法、建章立制方面进行改革。1992年3月22日“澳星”发射失利后，1995年，中国航天工业总公司发布了以“防止再发生”为目标的“归零”五方面要求，在实施中逐步精炼为“定位准确，机理清楚，问题复现，措施有效，举一反三”。后来，中国航天工业总公司又发布了“质量问题管理归零”的五条要求，形成“双五条”归零标准。加之“不归零不能转阶段、不能出厂、不能发射”的“三不准”原则，促进了航天人责任心进一步加强、技术水平进一步提高、作风更加严谨、产品可靠性得到增长的“四大效应”。

同时，结合行为规范体系工程建设，中国航天工业总公司在总结经验的基础上，制定了带有普遍意义、针对性强、较为完备配套的管理法规，作为指导航天科研生产管理的纲领性文件。1997年发布了《中国航天工业总公司强化科研生产管理的若干意见》，即“72条”。同年3月，中国航天工业总公司在河北廊坊召开会议，对航天质量管理措施进行深入的讨论，最后形成了中国航天工业总公司《关于强化型号质量管理的若干要求》，即“28条”。这“28条”在此后相当长的时间里，对指导、规范中国航天的质量管理工作，起到了非常重要的作用，甚至对其他工业领域，也具有现实指导意义。

“一次成功不等于次次成功，次次成功不等于永远成功；成功不等于成熟，成熟不等于可靠，可靠不等于万无一失”已经成为我国航天质量管理的一种理念。对于航天人而言，质量是政治，质量是生命，质量是效益。对于航天事业来说，产品的质量和可靠性，不仅是关系到成败的决定因素，更是对国家的一种责任。

“8·18”后，十一所成立了以刘小渝、王珏为正、副组长的故障分析领导小组。除了YF-73研制团队的全体同志全力投入分析外，液氢液氧发动机的几位元老王之任、朱森元、王桁等同志也全力投入分析工作。朱森元发现设计方面有一些问题。故障不是产品质量或测试操作所造成的，而是未被认识的深层次高空物理现象，是在研制中尚未解决的重要技术问题。YF-73发动机的研制开始于20世纪70年代，是我国具有开创性的第一台液氢液氧发动机，它的研制和实际飞行结果，从正反两个方面告诉我们：要研制可靠的高空发动机，必须在地面进行充分的高空模拟试验，以发现和解决发动机地面试验中发现不了和难以预见的各种问题。这是一个不可缺少的研制程序。当时由于没有这个手段，迟迟不能认清这个深层次故障的性质。同样，由于现有条件的限制，要完全模拟在低温、高真空、失重条件下的故障，也是很困难的。

YF-73研制团队承受着巨大的压力，通过几个月的不懈努力，在多次进行地面试验的基础上，召开各类分析会30多次，完成各类分析、论证、试验、计算报告40多篇，最终于1997年1月完成了分析报告——《长征三号Y14故障分析报告》，对Y14的失败机理进行了深入分析，对发动机二次启动时发生器氢头腔形成固氧爆燃的机理和危害性做了全面阐述，提出了改进发动机设计状态的明确意见。报告很快通过了院Y14故障调查委员会和总公司Y14故障审查委员会的审查，上下取得了一致意见，获得了满意的效果。

在故障分析和验证试验的同时，研制队伍不失时机地开展了改进的方案论证、设计、生产和试验，并经反复验证，确定了改进方案。与此同时，从提高可靠性和举一反三的要求出发，全面复查了发动机的设计质量，加强了个别薄弱环节。受产品数量的限制，改进后的发动机进行了两次短程、一次长程试车，3次试车共进行了10次启动。结果表明，发动机工作协调，结构可靠，各项改进措施有效。1997年2月28日通过了院级评审，3月14日通过中国航天工业总公司的评审，3月30日，经过改进的YF-73发动机交付总装。

从1996年8月18日到1997年3月30日，共225天，参加这一工作的主要人员，几乎没有休息过一天，始终处于紧张状态。据主要负责人江希藩回忆，他经常担心大家由于太劳累而出现错误，致使研制工作出现反复，甚至造成损失。所以每做一项工作，都强调一定要保持高度的责任心，广泛听取不同意见，冷静地加以判断。

1997年4月中旬，副主任设计师顾明初率领十一所参试人员奔赴基地，开展长征三号Y15火箭的测试发射工作。副总师江希藩于箭体转场前到达基地，不久，所长刘小渝也亲自到基地指导工作。1997年6月5日，Y15火箭准备发射，不巧的是，从下午开始，小雨就一直下个不停，接近发射窗口时，雨越下越大，不得已中止发射。10日晚8点01分，火箭按时发射，起飞后不断传来“飞行正常”的信号，遥测飞行轨道曲线也沿着预计的轨道伸延。终于，三级发动机二次关机、星箭分离，将第二颗风云二号卫星准确送入轨道。这次发射是在因雷雨推迟5天后再次组织发射的险恶环境中进行的，对十一所来说是背水一战，具有特殊的意义。江希藩说，基地司令员快步走过来，紧紧握着他的手，连说：“好发动机！好发动机！”听罢此话，江希藩心情激动，泪水夺眶而出。多少个不眠之夜，多少人艰辛地工作，只为了这成功的一刻！

第二天，国防工科委、发射基地、中国航天工业总公司及试验队的领导和主要工作人员，在西昌接受了李鹏总理的接见。YF-73研制团队终于从失败的阴影中走了出来。

2000年4月13日，长征三号运载火箭执行最后一次发射任务。大家都盼望能顺利完成任务，为长征三号火箭的研制工作画上圆满句号。但出乎意料的是，先后出现了氢副控阀反向泄漏、10号电磁铁引线压伤而出现短路等问题，局面十分被动。全体参试人员又投入了紧张的故障分析中。通过大量工作，技术人员发现副控阀的泄漏是由多余物引起的，并找出了多余物的源头，准确地进行了技术归零。电磁铁引线压伤问题也得到了圆满解决。重装发动机副系统后，6月25日，长征三号火箭顺利升空。这最后一次发射后，为我国航天事业做出巨大贡献的长征三号火箭离开了航天舞台。

3. 开创探索，迎难而上

长征系列运载火箭为我国空间技术和空间应用的发展做出了巨大贡献，但到20世纪90年代初，在国际国内的新形势下，其可靠性低、运载能力低、“三化”（通用化、系列化、模块化）程度低及安全性差的问题越来越突出，对此，朱森元和“863”专家组的成员们高度关注，提出并着手论证新一代大型运载火箭的方案。随着论证工作的深入，具有“一个系列、两种发动机、三个模块”特点的新一代运载火箭方案逐步明朗。

两种发动机即大推力液氧煤油发动机和大推力氢氧发动机。1995年9月，国防科工委确定在“九五”期间开展这两种发动机的关键技术预先研究，其中：大推力液氧煤油发动机由067基地十一所负责，大推力氢氧发动机由十一所（京）负责。该研究项目的主要目标是：在规定资金（1.2亿元）、规定时间（5年）内，基本突破大推力（50吨）氢氧发动机主要关键技术，为新一代运载火箭氢氧发动机工程研制打下技术基础，为未来单级入轨可重复使用运载器动力装置的发展进行必要的技术储备。“863”项目的基本要求是高技术、高起点、前瞻性、带动性，经过广泛论证和各级专家评审，大推力氢氧发动机代号“Da76”，其真空推力是YF-75的7倍，推力室压力是YF-75的2倍，氢泵后压力是YF-75的3.5倍，氧泵后压力是YF-75的3.6倍，并选择先进的补燃动力循环作为系统基准方案，以便为突破有关关键技术搭建较高的平台。

十一所抓住此次重大发展机遇，立即成立了以王珏副所长为项目主任、王维彬为项目副主任的研制队伍，1996年，50吨级大推力氢氧发动机关键技术攻关工作全面展开。为了在有限的经费条件下尽快突破50吨级大推力氢氧发动机关键技术，十一所确定了如下技术途径：充分借鉴国内外已有型号的研制经验，积极与有关科研机构和高等院校协作，采取理论分析与实验研究相结合、冷试验与热试验相结合、组件试验和分系统及全系统试验相结合、试验工况由低到高、循序渐进的研制方法。

研制技术途径至关重要，途径决定项目成败快慢，途径影响项目周期和费用。航天工程具有高度复杂性，需要依靠众多单位和部门，以及成千上万人的大力协同才能研制成功，是典型的系统工程。从组织管理角度看，开展航天工程研究，就是要把一系列笼统模糊的初始研制概念逐步落实为数以万计的参研参试人员的具体工作，这是一个逐渐具体化、清晰化的过程。在完成过程中，管理人员必须统筹考虑各方面的因素，使得整个工程的实施能够协调运转，做到技术上合理、经济上合算、研制周期满足要求。实践证明，十一所确定的技术途径和管理措施完全正确有效，在整个研制过程中没有出现大的反复。

根据“863”项目管理办法，“Da76”发动机研制工作分为三个阶段：1996年至1997年为方案论证与设计阶段；1998年至2000年为阶段原理型样机研制阶段；2001年为试验验证和验收阶段。

依据中国航天界的惯例，各类型号工程项目方案的设计阶段必须具备三个条件：一是上报的可行性论证报告得到批准；二是国家批准下达型号工程的研制任务书；三是型号工程项目的关键技术已具有相当的预先研究成果。三者缺一不可，尤其是第三条不可或缺。型号工程项目进入方案阶段后，从总体到各分系统，再到各配套产品，都必须开展相应的研制工作，以保证工程项目各个研制阶段顺利进行。总体方案是否正确和达到总体最优化是这个阶段的关键。方案阶段的工作必须做充分，尽可能避免总体方案的反复。工程实施阶段，包括初样研制和试样研制两个阶段。在初样和试样阶段，要抓紧技术经济指标的落实，特别注意技术改进和稳定技术状态的关系。初样阶段的任务，是经过各种试验，修改设计，达到技术指标要求，使之成为正样产品。试样在飞行试验前的地面试验要充分，试验工作要坚持由繁到简、循序渐进的原则，先做数学模拟，后做实物模拟；先做局部性能试验，后做综合匹配相容性试验。试样阶段，是全面检验型号工程项目的总体、分系统、配套产品设计方案、设计和工艺水平与质量，型号工程技术性能指标能否满足要求的阶段。这个阶段的根本任务是研制出进行飞行试验的产品，并进行发射飞行试验，可以组织一个回合或几个回合的反复试制和试验。定型阶段由定型鉴定试验、设计定型和工艺定型三个阶段组成，是在研制阶段结束后组织全系统进行定型审查和评审工作，提出定型报告。设计定型后，任务设计更改都必须履行规定的审批程序，并且加以严格控制。同样，工艺定型一旦完成，任何零部件的工艺生产规程不得轻易改变，任何改变都必须经过规定的程序审批后才能进行。

1997年年底，“Da76”发动机先后完成总体方案论证、各主要组合件方案论证与零组件详细设计。伴随着氢泵水力试验机组转动的轰鸣声以及从火炬点火器、预燃室缩尺件、补燃推力室缩尺件喷出的红色火龙，十一所“Da76”发动机项目组按期完成方案论证与设计阶段的“一转二线三把火”的任务目标，良好的开局打消了“863”上级主管机关对能否完成项目的疑虑，也坚定了他们加大对这个项目投入的决心。

在“Da76”发动机方案制定、关键技术攻关过程中，任新民以及朱森元、王之任、江希藩、王桁等十一所元老给予了热情的鼓励和支持。

除采用补燃循环外，“Da76”发动机还涉及20余项在国内乃至国际率先采用的新技术，其中，高压多级氢氧发动机涡轮泵是“Da76”发动机中技术最密集、难度最大的组件，氢涡轮泵轴系方案更是关键中的关键。为此，十一所组织召开了由国内知名转子动力学专家和发动机专家组成的技术研讨会。会上，大家进行了细致的研讨，统一了认识，为后续工作的正常开展奠定了基础。氢泵叶轮原先采用的是钛合金机加成型然后再进行扩散焊的工艺方案，由于种种原因，该项技术迟迟不能突破，严重影响了研制工作的深入。经过调研和相应的试验，研制了铸造方案叶轮。后来的实践证明，这种调整是完全正确的，为氢氧发动机的选材开辟了一个新领域。

面对各种新难题、新挑战，“Da76”发动机项目研制人员不畏艰险，迎难而上，进行了一系列大胆的、开创性的探索和尝试。1998年1月19日，该项目通过专家评审，顺利转入原理型样机研制阶段。该阶段的主要任务是完成相关核心组件的硬件研制，通过一系列试验，基本突破有关零、部、组件和分系统级关键技术，为半系统闭式联动试验及全系统演示试验奠定了技术基础。此后一年多，又相继完成了氢氧发动机涡轮泵、高压大流量预燃室、补燃推力室及20余种相关阀门的生产。1999年6月9日，成功进行了首次预燃室挤压试验；2000年2月18日，成功进行了首次预燃室与氧涡轮泵联动试验；2000年4月21日，成功进行了首次预燃室与氢涡轮泵联动试验。

鉴于以上进展，“Da76”发动机项目通过专家评审，于2000年11月19日顺利转入试验验证和验收阶段。2000年12月21日，又成功进行了首次预燃室与氢氧发动机涡轮泵半系统闭式联动试验。

这一次次分系统和半系统试验的成功，极大地促进了工程研制立项的进程。2001年1月21日，《50吨级氢氧发动机工程研制立项报告》通过中国航天科技集团公司组织的专家评审。评审委员会认为，根据我国新一代运载火箭对动力装置的要求，按低成本、高可靠、无污染原则确定的发动机总体技术方案是合理的、可行的，50吨级氢氧发动机已突破核心关键技术，具备工程研制的立项条件。

2001年7月25日，成功进行了首次发动机全系统演示试车。12月12日，以任新民为主任的包括7位院士在内的项目验收评审委员会，对“50吨级液氢液氧补燃发动机关键技术研究”项目进行了正式的验收评审，专家们一致同意该项目验收。至此，历时5年的“Da76”发动机项目画上了圆满的句号。

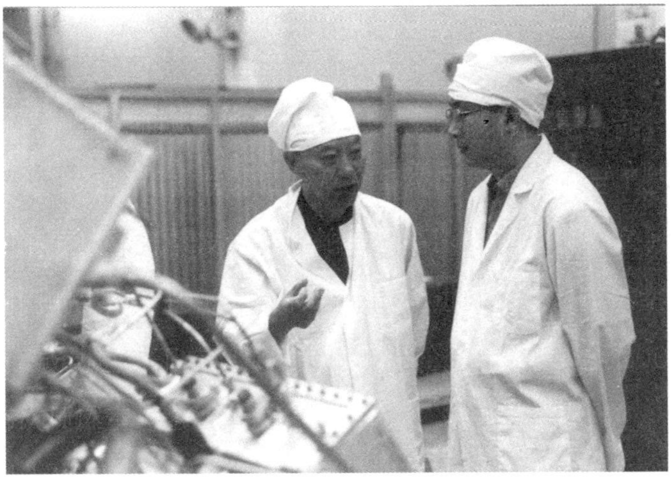

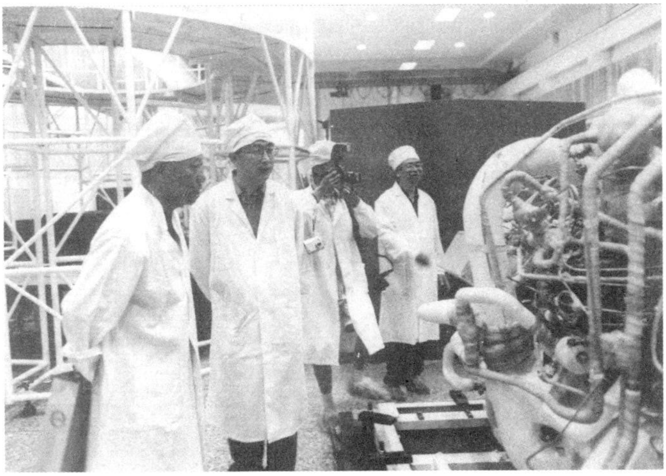

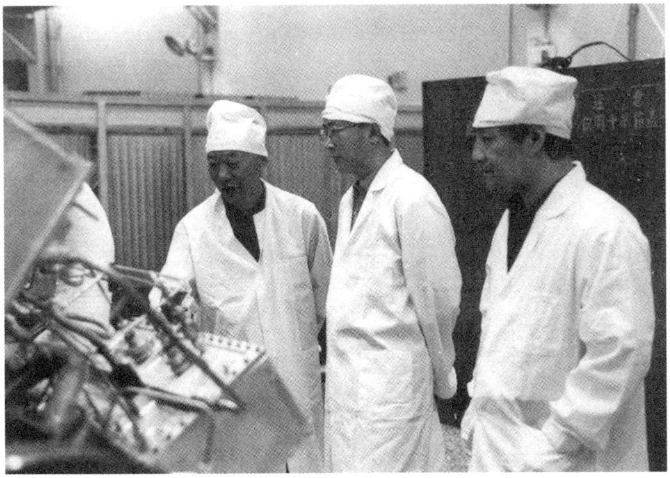

2001年6月，朱森元陪同国防科工委专家组在211厂火箭发动机制造车间调研

2001年6月，朱森元（前排中）参加“50吨级氢氧发动机工程研制评估会”

2006年12月13日，朱森元院士（前排中）与任新民院士（前排左）、十一所（京）所长王珏（前排右）等一起观看YF-77发动机500秒长程试车

朱森元院士（前排左）与任新民院士（前排右）在亲切交谈

2008年11月，朱森元（前排左）与十一所（京）前所长于继曾（前排右）一起观看YF-77发动机长程试车

2009年12月10日，朱森元（前排左二）和张贵田院士（前排左三）等参加六院在北京组织召开的YF-77发动机初样转试样转阶段院级评审会

朱森元

朱森元院士传记

Academician Zhu Senyuan's Biography

第八章

航天高技术的战略研究

朱森元在国家高技术发展战略研究中取得了一系列成果，多次荣获国家高技术领域专家委员会授予的荣誉证书。

1. 载人航天，飞船起步

作为航天事业的重要贡献者和氢氧发动机的重要开拓者，朱森元被评为中国科学院院士的第二个主要贡献是在担任“863”专家组成员期间，提出了两个大发动机的设想，并积极推动工程研制。

“863”计划出台后，中国航天领域专家围绕载人航天问题开始了长时间的研究、讨论和规划。1987年2月，以屠善澄为首席科学家的“863”航天领域专家委员会在京成立。其主要使命是对航天领域未来高技术尤其是载人航天发展技术途径重新进行论证。此前，中国在20世纪70年代也开展过类似论证，并提出了“曙光号”飞船方案，后被搁置。参加论证的部分专家认为，我国可以借鉴国外的技术和经验，采取跨越式发展，越过载人飞船，直接发展航天飞机。另一部分专家则主张，载人航天对天地往返运输器的安全性、可靠性要求极高，航天飞机技术虽然先进，但其技术非常复杂，而载人飞船相对来说技术较简单，为稳妥起见，我国载人航天还是应该从飞船起步。

飞船方案支持者和航天飞机方案支持者在3年多的时间里，展开了激烈的学术争论。最后，经过多种技术方案的反复论证、比较和分析，并根据我国的国情、国力和技术基础，专家们一致同意从载人飞船起步。

自1987年以来，朱森元一直参加国家高技术领域863-204专家组的工作，历任专家组成员、专题组组长和专家委员会咨询专家。他参与和支持了我国载人航天只能由飞船起步的建议，为“神舟”号飞船的国家立项提供了技术支撑。他和专家们提出：“模块化和积木式的研制模式是大型运载火箭所需要的”，这种思路，正是21世纪中国航天科学发展模式的体现。

1990年12月，航空航天工业部成立了载人航天工程领导小组，以进一步推动载人飞船工程立项，任新民任首席顾问。1991年1月7日，成立了由19名专家组成的载人航天联合论证组，由钱振业具体负责。2月，航空航天工业部在呈送给中央的《航空航天重大情况（5）》中反映了一些有关研制载人飞船的情况。江泽民、李鹏、刘华清等领导分别在《航空航天重大情况（5）》上作了批示，决定召开中央专委会专门讨论载人航天问题。

为了争取国家批准立项，航空航天工业部和航天领域专家委员会做了大量艰苦细致的工作。经过3个月的论证，载人航天联合论证组完成了《载人飞船工

1988年7月29日，朱森元（左）和“863-2”航天领域首席专家屠善澄（右）在松花江游艇上讨论载人飞船方案

1990年7月，朱森元参加863-204专家组检查课题进度后游览辽宁千山风景区

程实施方案》，提出了载人飞船工程总体方案及飞船工程的技术指标和技术要求，为进一步进行方案讨论提供了依据。1991年4月初，航空航天工业部召开会议，讨论了该实施方案，明确载人航天从飞船起步，对发射飞船的运载火箭以长征二号E火箭为基础进行改进，并要求中国运载火箭技术研究院、中国空间技术研究院和上海航天技术研究院三个总体单位深入论证，进一步提出各自的实施方案，以便择优选用。

1991年6月，中央专委第4次会议听取了“863”航天领域专家委员会《关于发展中国载人航天的意见》和国防科工委《关于发展中国载人航天及其应用的意见》的汇报。会议倾向于同意专家委员会关于发展中国载人航天的目标设想，并要求对发展中国载人航天的目的作出进一步的说明。为此，航空航天工业部要求三个论证单位根据中央专委会议精神，进一步做好载人飞船工程方案的论证工作。同年11月，三个总体单位分别提交了《载人飞船工程可行性论证报告》。

会后，朱森元第三次出访美国。此次出访，主要有两项任务：一是参加1991年6月25日在萨克拉门托（Sacramento）举行的美国AIAA会议；二是去亨茨维尔（Huntsville）参观美国国家航空航天局（NASA）的马歇尔太空飞行中心，那里有未来的空间站模型。

1992年1月8日，中央专委召开第5次会议，“863”航天领域专家委员会和国防科工委分别汇报了《关于发展中国载人航天的意义与作用的意见》和《关

朱森元在旧金山转机去萨克拉门托前，顺游旧金山的唐人街

1991年6月25~27日，朱森元参加在萨克拉门托举行的AIAA会议

1991年6月25日，朱森元在萨克拉门托参加 AIAA 会议。

1991年7月2日，朱森元在马歇尔航天飞行中心的美国“空间站”模型前留影

1991年7月2日，朱森元在马歇尔航天飞行中心的“空间站”模型内留影

1991年7月2日，朱森元在马歇尔航天飞行中心的航天飞机模型前留影

1991年7月2日，朱森元在马歇尔航天飞行中心的火箭发动机试车台前留影

于组织载人航天工程可行性论证的意见》。会议认为，从政治、经济、科技、军事等诸多方面考虑，立即发展我国的载人航天工程很有必要，而且应当从载人飞船起步，但还要在“863”专家委员会和航空航天工业部过去论证的基础上，由国防科工委牵头，组织全国有关专家，再进行一次技术、经济可行性论证。

根据中央专委会议精神，几天后，航空航天工业部正式成立载人航天工程论证评审组，由任新民任组长，王大珩、屠善澄任副组长，成员有王希季、庄逢甘、闵桂荣、张履谦、杨嘉墀、童铠、谢光选等。

1992年8月1日，中央专委召开第7次会议，听取航空航天工业部和国防科工委联合提交的《载人飞船技术经济可行性论证报告》。会议认为："载人航天是航天技术的重要组成部分，也是当今世界高科技的一个重要发展领域。为了增强综合国力和国防实力，促进科技进步，培养壮大科技队伍，提高国家威望，增强民族自豪感和凝聚力，我们必须在这一领域占有一席之地。中国载人航天的发展设想是可行的。载人飞船工程的研制是第一步，这是迄今为止中国

1991年4月12日，朱森元（左一）作为863-204专家组代表，参加航空航天工业部派赴俄罗斯验收RD-120火箭发动机试车代表团

俄方代表介绍接待计划

1991年4月18日，朱森元在维堡市的友谊宾馆前留影

1991年4月，朱森元在维堡市的最高建筑“Крепость”处留影

1991年4月，朱森元在普里莫尔斯克去试车台的路旁芬兰湾海域留影

1991年4月，朱森元在圣彼得堡广场彼得大帝铜像前留影

1991年4月，朱森元在圣彼得堡广场冬宫前留影

1991年5月，朱森元（右一）等专家组代表与俄罗斯“能源号”科研生产联合体RD-120火箭发动机设计人员合影

1991年5月初，朱森元（左）完成RD-120火箭发动机验收试车工作后，从普里莫尔斯克返回莫斯科“Союз”宾馆

航天史上规模最大、系统最复杂、技术难度最高的工程项目。国防科工委的可行性论证有深度，是比较可靠的。”

1992年8月25日，中央专委向党中央、国务院、中央军委呈送了《关于开展我国载人飞船工程研制的请示》，建议我国载人航天工程计划分三步走：第一步，在2002年前发射两艘无人飞船和一艘载人飞船，建成初步配套的试验性载人飞船工程，开展空间应用实验。第二步，在第一艘载人飞船发射成功后，大约在2007年左右，突破载人飞船和空间飞行器的交会对接技术，并利用载人飞船技术改装、发射一个8吨级的空间实验室，解决有一定规模的、短期有人照料的空间站应用问题。第三步，建造20吨级的空间站，解决有较大规模的、长期有人照料的空间站应用问题。第一艘试验无人飞船要争取1998年、确保1999年首飞，即“争八保九”。

1992年9月21日，江泽民主持召开中央政治局常委会扩大会议，听取了论证报告和技术方案、经费估算和组织实施办法的汇报。经讨论，一致同意中央专委第7次会议意见，批准中国载人航天工程开始实施。从此，我国航天史上规模最大、系统组成最复杂、技术难度和安全可靠性要求最高的国家重点项目正式启动。

2. 吃苦奉献，攻关战斗

中国载人航天工程包括航天员系统、空间应用系统、载人飞船系统、运载火箭系统、发射场系统、测控通信系统和着陆场系统。其中，载人飞船系统由中国空间技术研究院、上海航天技术研究院为主研制，运载火箭系统由中国运载火箭技术研究院为主研制。1992年11月，中央专委成立载人航天工程指挥部，国防科工委主任丁衡高为总指挥。各机构的职责分工是，中国载人航天工程由中央专委直接领导、国防科工委统一组织、工程指挥部具体负责实施、中国载人航天工程办公室专项管理，这样就形成了一个从中央到中央专委、国防科工委，再到各主管部门的垂直领导体系。

七个系统中，运载火箭系统是关键之一。没有大推力、高可靠性、高安全性的运载火箭，载人飞船就不可能进入预定轨道，航天员的太空活动就无从谈起。因此，尽快研制出推力足够大、可靠性与安全性足够高的运载火箭，是中国载人航天工程的首要问题。

从1993年到1997年，朱森元任国防科工委、国家高技术领域“大型运载火箭和火箭发动机”专家组组长。

中国载人航天工程用的运载火箭是长征二号F火箭，火箭发动机由航天推进技术研究院负责研制。长征二号F火箭是在长征二号E火箭的基础上，按照发射载人飞船的要求，以提高可靠性、确保安全性为目标研制出来的新型运载火箭，是目前我国所有运载火箭中起飞质量最大、长度最长、可靠性和安全性最高、系统最复杂的火箭，由4个液体助推器、芯一级火箭、芯二级火箭、整流罩和逃逸塔组成，可将8吨的神舟号飞船送入近地点200千米、远地点350千米的近地轨道。

长征二号F火箭的可靠性为0.97，安全性为0.997，而一般商用火箭可靠性为0.91～0.93。载人飞船所用火箭的特性，决定了对长征二号F火箭可靠性和安全性的要求非常苛刻。为了确保航天员的安全，保证火箭具有高质量、高安全、高可靠的特性，长征二号F火箭采用了55项新技术，解决了一系列技术难题，其中故障检测处理系统，逃逸系统，全冗余控制系统，“三垂”模式，远距离测试、发射和控制技术，先进的活动发射平台等10项关键技术，被认为达到了国际先进水平。

影响火箭可靠性的关键是发动机、箭体结构和控制三大分系统，长征二号F火箭的飞行控制分系统的可靠性达到了0.992。为此，研制团队首次在控制分系统上采用了双套惯性制导系统以及CPU计算机、双稳定回路平台及其切换装置和三冗余伺服机构等冗余技术措施，给火箭上了双保险，极大地提高了火箭的可靠性。发动机是火箭的心脏，长征二号F火箭发动机的内部结构进行了很多重要的改进，安全性和可靠性大幅提升，做到了3个100%：总装前检测100%合格，出厂检测100%合格，发射场测试100%合格。

故障检测处理系统和逃逸系统是载人航天运载火箭独有的技术，也是难度最大的一项，其难点在于既不能误判，也不能漏判，“该逃时不逃”和“不逃时误逃”都会犯下致命的错误。为此，研制团队针对不同时段统计总结出了310种火箭故障模式，经过4年时间细致筛选、分析，对发生概率最高的11种故障模式进行了成千上万次的飞行仿真试验，最终确定了合理的判据，成功解决了不能误判、也不能漏判的难题，实现故障检测处理系统在起飞前900秒和起飞后120秒时段内自动逃逸或地面指令逃逸。

逃逸系统被称为航天员的“生命保护神”，其研制过程充满了艰辛和曲折。研制团队用了两年时间，终于设计出了逃逸发动机的总体技术方案：采用前置喷管，使用复合固体推进剂。1994年4月，逃逸发动机第一次热试车试验，刚过1.6秒，4个喷管的弯曲处就被烧穿了。8月，经过改进，进行第二次热试车试验，虽然这次喷管弯曲处没被烧穿，但其入口部分2厘米厚的绝热层仍被烧穿。研制团队没有气馁，不断改进设计和加工工艺，在1997年4月进行第五次热试车试验，终于取得了成功。

中国第一艘载人飞船的诞生是艰难的。研制载人飞船，必须解决三大难题：一是“上得去”，二是“待得住”，三是“下得来”。工程指挥部要求飞船必须做到绝对安全，这意味着载人飞船13个分系统、600多台设备、50万个软件程序、300多根电缆、8万多个接点，还有300多个协作单位，一个都不能出问题！难度之高，可以想象。

经过慎重论证，载人飞船系统最终采用了“三舱一段”方案，即由推进舱、返回舱、轨道舱与一个附加段构成。推进舱是飞船的动力系统，里面装有飞船的电源、发动机推进剂贮箱等设备；返回舱是乘员座舱和指令舱，供航天员从地球出发和返回地面时乘坐，也是天地间联系的信息枢纽；轨道舱是航天员生活和工作的场所，也可作为一颗科学实验卫星，留轨利用半年，还可作为交会对接的目标舱。和长征二号F火箭的研制不同，中国在载人航天工程立项之前从未研制过载人飞船，虽然研制过两代返回式卫星，但难度不可同日而语。

20世纪90年代初，正值市场经济大潮猛烈冲击中国大地之时，当时有句顺口溜家喻户晓："拿手术刀的不如拿剃头刀的，搞导弹的不如卖茶叶蛋的。"在这样的形势下，航天系统人才流失严重，年轻人不愿意进航天系统，或者进来后留不住，留在航天系统内的多半是"文革"前毕业的老同志，年事已高，虽经验丰富，但面对如此高强度又新技术众多的研制工作，难免有力不从心之感。研制人员青黄不接，人手严重不足，与"两弹一星"举国支持的环境不同，中国载人航天工程在新形势下遇到了新的难题。

此外，研制经费也面临严重不足的困境。中国已开始市场经济转型，协作单位也越来越多地遭遇来自市场竞争的压力，中央一开始给载人航天工程拨了120亿元，后来增加到190亿元，这些资金数量与欧美同类项目相比原本就不多，在市场竞争压力下，更是捉襟见肘。

从1992年立项，苦干4年，至1996年年底，载人飞船的研制进度仍比原计划晚了一年半，在这样的情况下，中国载人航天工程要在1998年发射第一艘无人飞船已无可能。为了实现"争八保九"的目标，国防科工委副主任、中国载人航天工程副总指挥沈荣骏提议，先研制一个试验飞船，达到三点要求：准确入轨，正常运行，安全返回。在国防科工委、中国航天工业总公司等上级机关的支持下，中国空间技术研究院克服重重困难，终于抢在1999年将一艘初样电性船改成了无人试验飞船。虽说飞船是由电性船改装的，但飞船13个分系统中的8个分系统都将参加试验考核，另5个分系统虽然不参加考核，但也都上船。因此，这艘飞船可以算是一艘完整的飞船。

江泽民、李鹏、朱镕基、吴邦国等党和国家领导人分别于1998年11月10日和11日视察了刚从一片农田上建起来的现代化航天城，并对这些年航天人的辛勤工作表示了肯定。此前，江泽民还根据工程指挥部的征名结果，亲笔为第一艘飞船题写了“神舟”二字，这一切，都坚定了航天人战胜困难、在国庆50周年将神舟飞船送入太空的信心。

1999年11月20日凌晨6点30分，中国第一艘无人试验飞船“神舟一号”终于在酒泉卫星发射中心由长征二号F火箭发射升空，环绕地球14圈并完成各项试验后，于11月21日凌晨3点41分在内蒙古中部地区着陆。中国航天人完成了“争八保九”的艰巨任务，实现了历史性的巨大飞跃。

3. 积极进取，敢于超越

天道酬勤。神舟一号飞船发射成功后，2001年1月10日，神舟二号飞船在酒泉卫星发射中心由长征二号F火箭发射升空，在轨道上运行7天后，返回舱成功着陆。这是我国第一艘正样无人飞船，由轨道舱、返回舱和推进舱组成，飞船技术状态与载人飞船基本一致，并首次进行了微重力环境下的空间生命科学、空间材料、空间天文和物理等领域的实验。

2002年3月25日，神舟三号飞船由长征二号F火箭送入预定轨道，4月1日，返回舱成功着陆。在轨运行期间，飞船上进行的拟人载荷试验取得了良好效果，其提供的生理信号和代谢指标正常，验证了与载人航天直接相关的座舱环境控制和生命保障系统，完全能满足载人的医学要求，并首次进行了逃逸系统试验。

2002年12月30日，第四艘不载人飞船“神舟四号”成功发射，2003年1月

5日返回。飞船技术状态与载人飞行时完全一致，解决了前三次无人飞行试验中发现的有害气体超标等问题，运载火箭和飞船完善了航天员逃逸救生功能。至此，中国载人航天工程不载人发射试验宣告结束。

从“神舟一号”到“神舟四号”，四次不载人飞行试验，全面考核了长征二号F火箭的性能与可靠性、神舟飞船的安全性和可靠性，以及地面测试、发射、控制系统的适应性和其他各系统的可靠性，中国载人航天工程七个系统都得到充分检验并达到预期目标。在这样的情况下，中国载人航天飞行正式开始。

2003年10月15日，是一个激动人心的日子，中国航天人永远铭记在心。这一天，神舟五号载人飞船由长征二号F火箭发射升空，将航天员杨利伟送入太空。这是中国首次发射载人航天飞行器。返回舱于10月16日在内蒙古着陆场成功着陆，完好无损。中国成为继苏联和美国之后，世界上第三个有能力独自将航天员送上太空并安全返回的国家。中华民族的千年飞天梦终于实现！

航天人没有就此止步，胜利的消息接踵而来。2005年10月12日，神舟六号飞船在酒泉卫星发射中心发射升空，担任此次飞行任务的航天员是费俊龙和聂海胜。与“神舟五号”相比，“神舟六号”在外形上没有太大差别，重量也基本保持在8吨左右，但新增了40余台设备和6个软件，飞船总设备达到600余台，软件82个，各种元器件10万余件。10月17日，返回舱成功降落。这是我国第一艘执行“多人多天”飞行任务的载人飞船。

2008年9月25日，神舟七号飞船从酒泉卫星发射中心发射升空，返回舱于9月28日成功着陆。参加此次飞行的航天员是翟志刚、刘伯明和景海鹏。“神舟七号”是载人航天工程第二步的第一艘飞船，最重要的任务是实施中国航天员首次空间出舱活动，突破和掌握了出舱活动相关技术，同时在轨道上释放卫星伴飞、进行卫星数据中继等空间科学和技术试验。因此，“神舟七号”的轨道舱进行了全新的设计，在技术上与载人航天工程第一步的飞船相比有了明显变化。

2011年11月1日，神舟八号飞船由改进型长征二号F遥八火箭顺利发射升空。在此之前，中国已于2011年9月29日使用长征二号F/T1运载火箭将“天宫一号”送入预定轨道。“神舟八号”与“神舟七号”相比，增加了交会对接测量设备，以实现与“天宫一号”的交会对接。由于飞船及发射飞船的运载火箭均进行了较大技术改进，出于安全，“神舟八号”实施不载人飞行，其主要任务是完成与“天宫一号”目标飞行器的首次交会对接试验，验证自动交会对接技术、停靠技术、组合体控制与管理技术，同时进一步考核飞船改进后的可靠性和安全性。11月16日，“神舟八号”与“天宫一号”成功分离，返回舱于11月17日在内蒙古预定区域着陆。

2012年6月16日，神舟九号飞船在酒泉卫星发射中心由长征二号F遥九火箭发射升空。这是我国第四艘载人飞船，载有3名航天员，分别是景海鹏、刘旺、刘洋。刘洋是我国第一位女性航天员。“神舟九号”的任务是实施与“天宫一号”首次载人交会对接。按照既定飞行方案，“神舟九号”需进行两次交会对接，第一次为自动交会对接，第二次由航天员手动交会对接。6月18日，首次载人自动交会对接成功；6月24日，首次空间手动交会对接也取得了成功。6月26日，中共中央总书记、国家主席、中央军委主席胡锦涛来到北京航天飞行控制中心，同正在“天宫一号”开展科学实验的“神舟九号”航天员进行了实时天地视频通话，中共中央政治局常委贾庆林、李长春、习近平、李克强出席并见证了此次通话。6月29日，神舟九号飞船返回舱在内蒙古四子王旗着陆场成功着陆，三名航天员成功返回。“神舟九号”载人交会对接任务的圆满成功，实现了我国空间交会对接技术的又一重大突破。

2013年6月11日17时38分，聂海胜、张晓光、王亚平驾驶神舟十号飞船进入太空，再次与天宫一号进行载人交会对接，进行了首次太空授课，于6月26日8时7分返回地面。标志着我国已经拥有了一个可以实际应用的天地往返运输系统，中国载人航天工程第二步战略目标取得了具有决定性意义的重要进展。

在中国载人航天工程取得辉煌成就的同时，中国航天人也在努力开拓人类深空探测领域的一项热点和重点活动——月球探测。根据我国科学技术进步水平、综合国力和国家整体发展战略，近期（2005~2020）我国的月球探测战略以不载人月球探测为宗旨，分为“绕、落、回”三个阶段。

第一阶段（绕）：环月探测。研制和发射我国第一个月球探测器——月球探测卫星，对月球进行全球性、整体性和综合性探测。第二阶段（落）：月面探测器软着陆与月球车月面巡视勘察。发射月球软着陆器，试验月球软着陆和月球车技术，就地勘测月球资源，开展月基天文观测，并为月球基地的选择提供基础数据。第三阶段（回）：月面软着陆与采样返回。发射月球软着陆器，对着陆区的地形、地质构造、岩石类型、月壤剖面、月球内部结构等进行探测；发射小型采样返回舱，采集关键性月球样品返回地球。

近期月球探测工程为载人登月和月球基地建设积累经验和技术。在基本完成不载人月球探测任务后，根据国际上月球探测发展情况和我国的国情国力，择机实施载人登月探测。

就目前探月工程发展现状，中国第一期的“绕月”工程顺利实施，成功研制和发射了月球卫星——“嫦娥一号”和“嫦娥二号”。2007年10月24日，嫦娥一号卫星由长征三号甲火箭发射升空，11月7日成功进入环月轨道，发回大量科学探测数据。嫦娥二号卫星于2010年10月1日由长征三号丙火箭成功发射，直接进入奔月轨道，并成功进入100千米极轨环月工作轨道。

2013年12月2日，嫦娥三号探测器由长征三号乙运载火箭发射升空，12月14日，实现月面软着陆，12月15日，进行两器分离和互拍成像。“嫦娥三号”任务圆满成功，首次实现了我国航天器在地外天体软着陆和巡视勘察，标志着我国探月工程第二步战略目标全面实现。中国探月三期工程计划在2017年左右实现“回”的目标。

“嫦娥三号”任务是我国航天领域最复杂、难度最大的任务之一，是货真价实、名副其实的中国创造。取得这样的成就，最根本的一点，就是中国航天事业始终坚持自力更生、自主创新。中国是一个大国，必须成为科技创新大国，“嫦娥三号”任务的圆满成功，既是落实创新驱动发展战略的重要成果，又为加快实施这一战略提供了有益经验。“嫦娥三号”任务的圆满成功，为我国航天事业发展树立了新的里程碑，在人类攀登科技高峰征程中刷新了中国高度。中国人把“玉兔号”的足迹刻在了月球上，也把中华民族非凡的创造力刻在了人类文明发展的光辉史册上。探月工程任务连续成功，创造了世界月球探测史的中国纪录。这一成就，凝结的是几代航天人的智慧和心血，依靠的是我们国家的综合实力，汇聚的是中国人民的整体力量。中国航天人做出的卓越贡献、立下的卓越功勋，祖国和人民将永远铭记。

4.模块化研制，积木式发展

在过去半个多世纪的艰辛旅程中，中国航天人坚持走中国特色自主创新的发展道路，不断在攻坚克难中追求卓越。回顾中国航天的发展历程，促进中国航天实现创新发展、技术追赶和产业竞争力升级，攻克一道道难关的成功因素究竟是什么？其中，确定恰当的战略发展方向至关重要。正确的战略方向选择，为航天事业发展提供了保障。而如果制定了一个错误的战略，那么执行力越强，偏离正确的轨道也就越远。

航天工程是规模巨大的科学工程，需要动用国家层面的资源，其不仅在自身内部存在如何取舍的问题，也存在与其他工程如何分配资源的问题。20世纪五六十年代，我国经济水平低下，工业基础薄弱，要研制出“两弹一星”，如何集中有限资源？为此，周恩来总理曾说：“没有舍就没有得。”舍是为了得，舍了才能取。“缩短战线，突出重点”，是中国航天选择技术发展战略的一条重要原则。

基于上述认识，“八年四弹”、“三抓”任务、“一箭三星”、“载人航天”和“深空探测”等一系列航天重大成就，充分体现了“遵循技术创新战略方向和路线，有步骤、有计划实施，技术创新发展战略引领发展方向”的原则。

1987年，朱森元开始从事“863”计划中的航天高技术发展战略研究工作，负责液体火箭发动机及大型运载火箭的论证、发展和研究。在担任火箭发动机和大型运载火箭专家组组长期间，朱森元提出了我国新一代运载火箭的发展，必须按照国际通用的低成本、高可靠、无污染的原则，进行“模块化研制、积木式发展”的战略建议，并结合国内的各种条件，进行了大量的方案计算和分析。这个建议被“863-2”专家委员会批准并上报给国防科工委，也被列入2000年11月22日中国政府发表的“《中国的航天》白皮书”的有关内容中。

当时国家对新型运载火箭有一个要求：新一代大运载火箭低轨道的运载能力要达到20吨。朱森元通过组织专家讨论，制定出一个原则：今后的新一代火箭“要花最少的研制经费获得运载能力的最大

1987年7月16日，朱森元到西昌卫星发射中心参加技术评审

1987年11月13日，朱森元随“863-2”专家委员会技术调研组到西昌卫星发射中心调研

跨度”，这就是模块化、积木式发展所要实现的目标。朱森元提出的建议，得到了国家有关部门的高度重视，在经过论证和完善后，最终成为我国新一代运载火箭发展的基本原则。

“根据模块化研制、积木式发展的原则，如何确定火箭的模块是一个很麻烦的问题”，2001年我国新一代大推力运载火箭研制计划正式立项，而朱森元和他的同事们要解决的问题就是“火箭的模块如何定，用什么原则定”。最后通过对各种方案进行筛选，专家组确定了两条原则：“一个原则是以火箭发动机推力和功能来确定模块，包括两个模块，一个是助推模块，要求推力大，可采用液氧煤油发动机；一个是箭身模块，要求比冲高，采用液氢液氧发动机。另一个原则是以火箭箭身直径为模块，包括2.25米、3.35米和5米箭身模块。”“之所以采用上述两个模块原则，就是为了少花钱多办事，并且可以最大限度地利用现有的技术。”因为按照上述的模块原则，在现有产品的技术上，只需要新研制120吨液氧煤油火箭发动机和50吨液氢液氧发动机。而箭身方面，只需要研制5米直径的芯级，其他都是现成的。然后按照不同的发射任务需要，各种模块可以像搭积木一样进行组合，通过精心计算，包括推进剂模块和发射场模块在内，“总的组合方案超过1000种，可以满足我国所有的航天发射任务”。

按照上述两个模块原则，新研制的两种发动机与现有的火箭发动机进行组合，其载荷可以涵盖10吨以下、10吨、20吨、30吨和40吨，实现运载能力的最大跨度。

航天工业作为一个国家综合国力的重要体现，一直都是美国、俄罗斯、欧洲、日本等国家和地区技术发展的重点领域，特别是近十几年来，这些国家和地区将太空领域看作综合国力新的增长源，把夺取空间优势作为航天领域的首要任务，以确保其航天大国地位。在这种战略的指导下，这些国家纷纷加大了对运载火箭技术的投资，加快研制新型大推力运载火箭，这些都将对我国运载火箭的国际地位形成严峻挑战。

同世界先进国家相比，我国的运载火箭技术还存在着诸多不足，包括火箭型号偏多、型谱重叠、火箭发射准备周期长，以及缺少大运载能力等，这些问题不解决，必将严重影响我国未来的航天发展战略。而要从根本上解决这些问题，最好的方法就是发展新型大推力运载火箭。

面对国家新一代运载火箭发展的更高要求，朱森元致力于重复使用火箭运载器的发展战略研究，制定了低成本、高可靠、无污染的目标，以期“用最小的火箭发动机，完成最大跨度的运载任务。”“而根据未来空间站的需要，未来大型运载火箭的标准型载荷为25吨，并且可以扩展至40吨，完全超过了欧洲的‘阿里安Ⅴ’和美国的‘德尔塔Ⅳ’，使我国在大推力运载火箭研制方面走在世界前列。”大推力运载火箭不但可以用于空间实验室和探月工程，还可以积极参与国际商业发射竞争。新一代大推力运载火箭标准型用来发射地球同步轨道卫星，由于其运载能力强，可以实现一箭多星发射。朱森元认为：“我国运载火箭发展应以直径大小来确定模块，动力装置要以推力大小来确定模块。”面临复杂的航天工程和国际形势，能做出这样清醒的判断难能可贵。

朱森元在国家高技术发展战略研究中取得了一系列成果，多次荣获国家高技术领域专家委员会授予的荣誉证书。1994年2月，获国防科工委授予的“国防科技成果奖励证书”；1997年5月，获国防科工委颁发的“航天高技术发展做出突出贡献荣誉证书”；参加“863-204”专家组发展途径论证工作，总结报告为“神舟号”飞船国家立项提供了技术支撑，获国防科技软科学科技进步二等奖（排名第二）；2001年2月，获国家科学技术部和解放军总装备部授予的“国家863计划十五周年先进个人”奖牌和荣誉证书。

朱森元

朱森元院士传记

Academician Zhu Senyuan's Biography

第九章

为国争光的奋斗人生

半个多世纪以来，朱森元以卓著业绩、实际行动和矢志不渝的决心，展现出了一位老航天人无私奉献、百折不挠的精神和热爱祖国、为国争光的坚定信念。

1. 薪火相传，著书立说

2012年11月27日，《朱森元文集》首发式在北京举行。该文集遴选了朱森元在直接领导、参与我国液体火箭发动机研制攻关过程中撰写的9篇重要文章，是我国航天领域重要的理论著作。在该文集导言中，朱森元详细说明了为什么要写这本具有基础理论性质的小册子。

朱森元发现，最近几年和一些年轻的科技工作者讨论问题时，他们对一些重要的热力学问题和热物理概念很模糊，有的认识甚至是错误的。有一次，朱森元评审一篇博士论文，作者将亚声速涡轮绝热功的表达式写成了超声速涡轮绝热功的表达式。当朱森元指出他的错误时，年轻的作者还不以为然，理直气壮地回答："美国文献和国内的研究生论文中也有如此应用的。"朱森元觉得问题很严重，一查，果然如此。他问一些年轻人，难道没有发现计算结果不符合实际吗？其回答令他很惊讶：可以在计算机程序中加一个或加一句修正项，就能修正到和试验结果相近。

对外国文献中的错误不仅看不出来，还错误地应用计算机技术进行修正，这是非常危险的，在科研实际中会犯下致命的错误。朱森元认为，现在的年轻科技人员的计算机技术基础非常好，如果能加强基础课学习，打下良好的工程基础，在科研工作中将能发挥更大的作用。

另外一方面，我国从20世纪50年代末研制液体火箭发动机以来，在半个多世纪的历史中，不仅为部队提供了从近程到洲际的第一代导弹的液体火箭发动机，为国防事业做出了巨大贡献，而且也为各种轨道的卫星和载人飞船发射做出了巨大成绩。但由于种种原因，在研制各种液体火箭发动机过程中，或者在完成研制任务后，没有及时组织人力，有计划而且系统深入地总结这些很有实际应用价值的经验，特别是没有上升到理论高度去总结这些成功的经验，在这方面存在着严重不足。

朱森元对此有着深刻的体会。20世纪60年代，我国曾专门投入资金和人力，成立了火箭发动机的传热试验研究课题组，组建了规模较大的电传热试验台，对偏二甲肼、四氧化二氮等冷却剂的冷却性能进行了电传热试验研究，在沸腾换热领域测定了一些冷却剂的临界热流，在超临界换热领域研究了偏二甲肼的传热特性，发现偏二甲肼具有优良的超临界传热特性，为可贮存推进剂的发展提供了技术数据，也为后来将洲际导弹主发动机改进成长征系列运载火箭发动机奠定了技术基础。但由于极“左”思想的影响，尤其是“文革”的破坏，很多有用的科技知识，尤其是宝贵的试验数据等，没有被整理保存下来。

从事推力室方案的设计者，如果采用沸腾换热模式，在选择冷却剂时，首先要考虑它们的临界热流大小问题；如果采用超临界换热模式，则推力室液壁温较高，必须注意材料的高温强度和抗疲劳能力与冷却剂的超临界换热特性相匹配问题。氢氧发动机选择液氢作冷却剂时，要特别注意发挥液氢的超临界换热特性。液氢是靠提高流速来发挥自己的传热优势，在低压小推力氢氧发动机上应用液氢作冷却剂非常可靠。但随着推力增加和室压的提高，必须把液氢流速作为首要问题来考虑。因为在超临界换热中，液氢在很薄的动力边界层下具有很强的“伪沸腾”现象，即除轴向流速提高对流换热效果外，还有径向流动参加换热。由于和沸腾过程的汽泡径向流动相似，所以被称为“伪沸腾”现象，其具有增强氢的超临界换热作用。

推力室的冷却技术原是我国火箭发动机研制的优势，现在竟成为了劣势，一些重要的设计原则，很多年轻的设计人员不知道，也没有内部文献资料可查。而有经验的老航天人渐渐退休，甚至离世。1996年，朱森元带领“863”专家组去西昌参观发射场，发现20世纪80年代的一些老朋友多数已退休或调离。这些来自火箭发动机研制实践的宝贵经验，亟需记录下来，并整理成文字材料，以备参考。

《朱森元文集》中有一篇题为《关于管内流动沸腾换热的临界热流研究》的文章，这是1963年完成沸腾传热试验研究课题的总结报告，曾用于近程导弹发动机的试车故障分析和中程导弹发动机设计的计算书中。因报告属于国家绝密材料，不得外传，只在研究所内部使用，而没有归档。

1964年，中央号召进行“三线”建设。为战备考虑，研究所搬到了秦岭山区的一个山沟里。朱森元的论文手稿作为所里的技术财富也搬到了秦岭山区，而他本人则下放去了北大荒。1970年，朱森元回到北京参加“331”工程，在北京主持氢氧发动机型号的研制工作。他根据一些原始资料，继续指导科研生产工作。

因为保管不善，搬到后方的论文丢失了。

“四人帮”被粉碎后，全国各行业的科研生产恢复正常，上级有关部门的领导突然想起这篇具有较高理论价值的论文。所领导找到朱森元，对他说：“老朱，上级要求我们拿出你那篇稿子，和其他行业的兄弟单位交流交流，你赶快准备吧！”

1981年2月7日，朱森元重新整理原始数据和资料，基本将论文恢复原貌。

几天后，他来到黄山，参加交流活动，在大会上宣读了这篇论文。当时的学术论文，没有发表的条件，宣读之后，也就算完成了任务。

1989年，朱森元以《沸腾换热的临界热流》为题写成短文，公开发表，他的这一贡献成为共享的知识财富，除火箭技术以外，其他有关传热计算的行业也可以直接应用，但具体的计算还是不容易掌握。文章发表之后，核工业部立即打来电话，请教朱森元具体的计算问题。对于自己的同行，朱森元爽快地予以答复。

20世纪，美国和苏联的液体火箭发动机技术发展很快，推进剂传热研究随之快速发展起来。在传热研究中，都以推进剂的临界压力来区分，如低于临界压力，则重点研究高压高流速的沸腾换热问题，如高于临界压力，则重点研究超临界换热问题。朱森元他们选定了沸腾换热和超临界换热两个课题进行研究。重点是解决型号发动机研制和发展规划中提出的各类传热问题，并立即组建电传热试验台，开展对可能应用到的几种氧化剂和燃料进行大量的传热试验研究，解决了当时型号研制中急需解决的传热理论和计算问题。

《关于管内流动沸腾换热的临界热流研究》以及《超临界传热计算方法》两项研究结果，被广泛应用于液体火箭发动机的冷却选择和推力室冷却方案设计中。

在总结10多年氢氧火箭发动机研制工作的基础上，朱森元整理出版了《氢氧火箭发动机及其低温技术》专著，指导和促进了相关研制工作。

同时，朱森元还不忘培养年轻科技人员，他长期担任硕士生和博士生导师，任北京航空航天大学和国防科技大学兼职教授，培养出多名硕士、博士和博士后。目前，他虽年事已高，但仍坚持在教学科研一线，带领博士生进行相关领域的研究。

1997年8月5日，朱森元（前排右二）和陈芳允院士（前排右三）参加“国防科技图书出版基金第三届评审委员会第四次会议”

1998年4月，朱森元（二排左四）参加“国防科技图书出版基金第三届评审委员会第五次会议”

1986年夏，朱森元向国防科技大学的实习生介绍YF-73氢氧发动机工作原理

1988年6月，朱森元（右二）主持我国第一个涡轮泵高速转子动力学研究生论文答辩会

1988年，朱森元（右三）参加十一所硕士学位论文答辩会

1988年，朱森元（右）和学生王珏（现任长征五号总指挥）合影

2. 献身航天，矢志不渝

从1961年学成回国开始参加科研工作至今，朱森元在中国航天运载火箭领域默默奉献了50余年，这几乎与中国航天发展历史相当。从最初参与研制液体火箭发动机，到后来领导研制液氢液氧火箭发动机，再到论证和参与大推力运载火箭发动机研制，他的科研生涯可以说就是中国运载火箭的发展史。从刚过而立之年的血气方刚，到今天的耄耋之年，朱森元见证了中国运载火箭技术从弱到强，直至达到世界一流水平的全过程。流逝的是岁月，永存的是他对祖国航天事业的无限忠诚。

朱森元一生辛勤耕耘的火箭发动机领域，是航天技术的关键，“运载火箭技术是一个国家航天事业的基础，如果运载火箭无法实现自主研发和制造，那么航天事业便无从谈起”。20世纪60年代初，我国运载火箭发动机开始从仿制走向自行设计，面临着许多亟待解决的理论和工程问题。1961年5月，朱森元刚从苏联学成回国便被委以重任，开始了液体火箭发动机的研制攻关工作。众所周知，运载火箭大多是由弹道导弹发展而来的，我们国家也不例外。在弹道导弹方面，当时国家制定了明确的三步走发展战略，即“研制一代，预研一代，规划一代”。明晰的发展战略，也是中国航天事业不断前进的重要因素。“在苏联撤走专家之后，我们没有任何外来的技术支援，弹道导弹和运载火箭主要是我们自力更生研制出来的”，回忆往事，朱森元很是自豪。

在“两弹结合”运载火箭主发动机研制过程中，有一个问题一直困扰着研制人员，那就是火箭发动机所用燃料的燃烧温度很高，很容易烧蚀发动机燃烧室壁或烧损发动机喷口。经过调查发现，当时几个型号的研制过程中都曾出现过这个问题，因此，如何冷却推力室，成了一个必须马上解决的共性问题。在这种情况下，朱森元按照上级指示，组织并领导了“沸腾冷却的极限临界热流研究”和“沸腾冷却的超临界热流研究”两个课题组。经过近3年的研究和试验，朱森元和他的团队成功完成了超临界换热的设计原则和临界热流计算方法的研究，此后，这些设计原则和计算方法都被成功地应用于液体火箭发动机的再生冷却方案中。1984年，朱森元到法国参观阿里安火箭制造时发现，为了解决火箭发动机喷口的烧损问题，法国人竟“别出心裁”地为发动机喷口设计了水冷系统，一个环形的喷水系统套在发动机喷口根部，不停地向其喷水，以起到冷却作用。由此可见，当时欧洲还没有解决推力室的冷却问题，而我们的一些研究，已经走在了世界前列。朱森元强调：“在科研工作中，一定要有自己的观点，要勇于尝试，不能迷信国外的技术。”

作为一名行业里的优秀专家，在我国火箭发动机的各个历史发展时期，在各个关键的转折点上，

2008年10月6~7日，六院谭永华院长到十一所（京）调研，听取老专家意见

六院副院长兼十一所（京）所长周利民（左）、十一所（京）党委书记张楠（中）听取朱森元院士（右）的意见

2010年3月23日，中石化科技开发部主持召开“聚乙烯装置固体催化剂加料器的研制及应用”项目鉴定会，朱森元院士（右一）担任鉴定委员会主任

1988年5月31日，朱森元（右一）在日本筑波科学城的宇航馆内参观日本第一台氢氧发动机LE-5

都能看到朱森元的身影。然而在谈到他所取得的成就时，朱森元一再强调团队的作用，“人才的培养是事业成长的关键，团队的成长是事业成功的保证”，“航天事业是我国综合实力的一个标志，也是现代文明的一个标志，航天事业不仅仅能带动国民经济的发展，增强经济实力，增强国防实力，同时也能推动

社会进步，增强民族自信心，增强民族凝聚力，能够为祖国的航天事业贡献力量，是我一生的骄傲”。

1970年8月，刚刚从“北大荒”调回北京的朱森元被指定为氢氧火箭发动机研究室负责人。当时的条件可以用“一穷二白”来形容，许多关键技术还没有突破，国外的技术支持更不可能，一切只能靠自己解决。“文革”期间，液体火箭发动机研究所绝大部分都迁到了陕西秦岭的大山里。北京仅留下一个工作组，力量十分薄弱。氢氧发动机作为一种新型发动机，大家对其认识很有限，甚至对液氢和液氧的特点，都要从头学起。朱森元作为氢氧发动机研究室负责人，全室只有23个人。但在当时，这些人大多不是被认为政治上“有问题”，就是身体不太好。本来氢氧发动机就是白手起家的高难项目，偏偏是这样一群“老弱病残”去啃这块硬骨头，困难可想而知。然而就是在这种条件下，朱森元和他领导的研究人员吃住都在工厂，有了问题随时解决。1975年1月，由他参与组织研制的氢氧发动机试车成功，标志着我国第一台泵压式液氢液氧火箭发动机正式诞生。20世纪70年代后期，朱森元参与领导研制长征三号运载火箭第三级液氢液氧火箭发动机，不仅要攻克许多液氢超低温的关键技术，而且要攻克失重条件下空中二次启动发动机的重大关键难题。1984年，长征三号运载火箭成功地发射了我国第一颗地球同步轨道通信卫星，使我国成为世界上第二个掌握空中二次启动技术的国家。1990年4月7日，长征三号火箭首次成功地将美国休斯公司制造的通信卫星送入地球同步轨道，开创了我国运载火箭进入国际发射市场的先河，这其中凝聚了朱森元和同事们的无数心血。

在氢氧火箭发动机研制过程中，科研上的困难可谓一个接着一个。超低温液氢高速轴承是其中一个关键部件，如何攻克这个难关，成了整个研制计划的转折点。根据国外资料分析，为了保证轴承保持架工作的稳定，要遵循内环引导的原则。然而在实际中一试验，发现这招不灵，不是保持架碎裂，就是滚珠烧伤。经过仔细分析，朱森元怀疑国外资料上的内环引导原则有错误。他做了个试验，反着来，将超低温的液氢从外环引导到内环，使滚珠冷却情况得到改善，再也没有被烧伤过。后来据了解，当初他们看到的国外资料，在该国也不是最终的确定方案。从此，我国氢氧发动机使用的液氢高速滚珠轴承都采取外环引导保持架方案。谈起当年的艰苦，朱森元非常平静，也非常豁达。“其实在搞氢氧火箭发动机预研的那几年里，我背着很大的压力，除了要参与科研之外，下工厂期间还被扣着‘接受再教育’的帽子，还要经常参与政治学习。”即使在这种情况下，朱森元想的最多的仍然是火箭发动机研制工作，他最担心的是无法完成国家交给自己的任务。

1969年，他和其他一些知识分子被下放到北大荒军垦农场接受“再教育”，他负责喂猪。1970年4月25日，正在干农活的朱森元从广播中听到了一条爆炸性新闻：我国成功发射第一颗人造地球卫星“东方红一号”！倚着粪铲、站在田间的朱森元，久久地仰望天空，心情无比激动，他渴望回到熟悉的科研和技术岗位，继续他所熟悉和热爱的航天事业。后来，有关部门开始对后续的卫星发射工作进行规划，其中包括：液氢液氧发动机技术必须取得新突破。于是，朱森元被调回北京，负责新型氢氧火箭发动机研究。

朱森元说他的优点是热爱自己的事业，缺点是单调无趣，不爱和人聊天。他的老同事却说他并不是一个单调无趣的人。初建西昌卫星发射中心时，试验队员生活艰苦，没有什么娱乐，空闲时别人打扑克，他的爱好却是搬个小板凳坐在电视前，看《射雕英雄传》里的郭靖和黄蓉。被下放到北大荒时，他负责喂猪，看到饲料里的黄豆还不错，就动手磨豆腐给大家吃，百十号人在冰天雪地里居然吃上了热豆腐，朱森元十分开心。

一辈子献身航天事业，到了耄耋之年，朱森元仍一如既往地关注航天事业，对中国航天的未来和可持续发展牵挂在心。一个民族、一个国家要从充满内忧外患的逆境中奋起，必须要有一代又一代以国为重、志存高远的仁人志士为之进行艰苦卓绝的奋斗。

作为老一辈航天人的骨干，朱森元本着“热爱祖国、为国争光”的坚定信念，将个人事业与航天事业的发展紧密联系在一起，为祖国的强大与繁荣奋斗不止。这种强大的信念，正是一代又一代航天人在不断创新的实践中取得胜利的共同财富。

2005年5月10日，朱森元（前排右三）参加十一所（京）办公室党支部在西柏坡开展的组织生活会

缅怀老一代革命家创业之艰辛

参加活动的党员合影于抱犊寨

3. 勇于攀登，百折不挠

伟大的事业产生伟大的精神和文化，伟大的精神和文化支撑和推动伟大的事业。回首近60年的光辉历程，在由弱到强、奋力开拓、勇闯难关的进程中，中国航天走出来一条具有中国特色的自主创新之路，与精神力量的支撑与推动密不可分。

国防部第五研究院刚刚成立时，其建院方针为“自力更生为主，力争外援和利用资本主义国家已有的科学成果”。在创业阶段，中国航天人充分展示出了自力更生、艰苦奋斗、团结一心、大力协作等航天精神的雏形。1986年，一院党委总结近30年的发展经验，决定大力倡导“自力更生、艰苦奋斗、大力协同、献身航天、勇攀高峰”的优良院风。航天工业部党组对此予以高度肯定，并在其基础上提炼和归纳出了“自力更生、大力协同、尊重科学、严谨务实、献身事业、勇于攀登”的航天传统精神，后来又结合聂荣臻倡导的“自力更生、艰苦奋斗、大力协同、无私奉献”的精神，将其进一步表述为“自力更生、艰苦奋斗、大力协同、无私奉献、严谨务实、勇于攀登”。

1999年9月18日，中华人民共和国成立50周年前夕，江泽民总书记在表彰为研制“两弹一星”做出突出贡献的科技专家大会上发表重要讲话，并将“两弹一星”研制过程中凸现出的“两弹一星”精神概括为“热爱祖国、无私奉献、自力更生、艰苦奋斗、大力协同、勇于登攀”。

2003年11月，在首次载人航天飞行成功庆祝大会上，胡锦涛总书记指出，伟大的事业孕育伟大的精神，我国航天工作者在长期的奋斗中不仅创造了非凡的业绩，还用他们的热血铸就了“特别能吃苦、特别能战斗、特别能攻关、特别能奉献”的载人航天精神。2005年11月，在庆祝神舟六号飞船载人飞行圆满成功大会上，胡锦涛总书记进一步将载人航天精神概括为：“热爱祖国、为国争光的坚定信念，勇于登攀、敢于超越的进取意识，科学求实、严肃认真的工作作风，同舟共济、团结协作的大局观念和淡泊名利、默默奉献的崇高品质。”

从20世纪50年代中期由仿制艰难起步，到秦岭深山的三线创业；从艰苦条件下打造中国航天金牌动力、书写“山沟里飞出金凤凰”的动人传奇，到新世纪完成推举神舟飞船上天、嫦娥卫星奔月的历史壮举；从“打着红旗进长安”的战略转移，到航天液体动力重组的重大改革，航天六院作为中国航天发展的缩影，见证了我国液体火箭发动机事业从无到有、从小到大、从弱到强的发展历程，走出了一条有中国特色的液体火箭发动机自主创新之路。

航天传统精神、“两弹一星”精神和载人航天精神，是航天文化的核心和灵魂，是航天事业持续发展的思想支撑和精神动力，在艰苦奋斗、顽强拼搏的峥嵘岁月里，航天六院在出产品、出成果的同时，也出人才、出精神，成为航天传统精神的发源地和典型代表。

“发展航天、动力先行”的重要地位，液体火箭发动机的专业特点，攻坚克难的辉煌业绩，使六院形成了深厚的文化底蕴和鲜明的文化特色，孕育了“诚韧谦和”的发动机品格和“特别能吃苦、特别能战斗、特别能忍耐、特别能奉献、特别能顾全大局”的优良传统和作风，成为液体火箭发动机事业发展的宝贵精神财富和强大精神动力。其基本内涵突出表现在：国家至上、献身航天的崇高境界；艰苦奋斗、奋发图强的坚强意志；无私奉献、淡泊名利的高尚品质；勇于攀登、百折不挠的进取精神；敢打硬仗、攻坚克难的特殊品格；严慎细实、精益求精的优良作风。

火箭发动机是航天器问鼎太空的力量之源，是进入空间能力的基础，是火箭和航天器的心脏。液体火箭发动机技术，犹如航天科技皇冠上的一颗明珠。航天技术的一次次进步验证了一句话：发展航天，动力先行。

半个多世纪以来，几代航天人前仆后继，披荆斩棘，突破了一项项关键技术，攻克了一道道科学难关，从失败走向成功，从成功走向更大的成功，从一个高峰攀登上另一个高峰，走出了一条有中国特色的液体火箭发动机自主创新之路。可以说，液体火箭发动机的发展史就是一部勇于攀登、百折不挠、敢于

2009年10月26日，朱森元参加南京航空航天大学建校50周年校庆学术活动，应邀在该校报告厅作“空天飞机如何从空想走向现实”的报告

2009年10月27日上午，朱森元（中）在南京航空航天大学校长朱荻陪同下，参观该校机械学院“用电化学制造火箭发动机部件”新工艺

2009年10月27日下午，朱森元夫妇在南京航空航天大学植树园内一起植下一棵桂花树，以作留念

超越、开拓创新的历史。

1975年3月31日，中国卫星通信工程启动，这就是著名的“331”工程。一种先进的低温高能上面级发动机开始崭露头角，即长征三号火箭三级液氢液氧发动机。由于液氧液氢超低温的物理特性对材料、结构、密封润滑以及需在高空点火并二次启动的特殊要求，研制这种发动机比研制常规发动机面临更多的技术难题。朱森元作为最早的带头人，和他的同事们组成十一所氢氧发动机研制团队，在近10年中通过不断钻研、试验、改进，攻克了一系列技术关键，终于于1984年研制成功了长征三号火箭三级氢氧发动机。

1984年4月8日，长征三号运载火箭将我国第一颗通信卫星东方红二号送入地球同步轨道，使我国成为世界上第三个成功使用氢氧发动机的国家，国际宇航界为之瞩目，这是我国液体火箭发动机技术发展史上一座重要的里程碑。

一个人究竟有多少聪明才智，到底能取得多少真正有价值的成就，并不简单地取决于知识与能力的储备，最为重要的，是看他有没有一种一定要成就一番事业的强烈意志或执着追求；而是否具有这种意志和追求，取决于他所从事的事业的价值和意义，能否在其内心生发出一种崇高的情感，能否让他产生一种超越个体生命而具有时代性和历史性的意志体验。每个人的生命是有限的，仅仅立足个人得失，并不足以激发出强大而持久的精神力量。只有把个人的追求与国家和民族的生存发展相联系，才能使个人所追求和实现的价值得到累积、放大、传递和延续。因此，只有当个人所追求的事业符合国家利益和民族大义时，才能使其当下的价值追求具有历史意义，才能从中产生强大而持久的精神力量，并反过来不断推进整个事业向前发展。

航天事业正是这样一种事业。朱森元在航天事业还一穷二白时，毅然选择投身其中，并为之奋斗终身。

如今，已是85岁高龄的朱森元，仍然在为航天事业耕耘不辍。身兼中国运载火箭技术研究院科技委顾问、国家高技术领域专家委员会咨询专家、北京航空航天大学宇航学院博士生导师、中国航天工程科技发展战略研究院学术委员会委员、国家科学技术奖励工作办公室国家科学技术奖评审专家等数个职务，朱森元依然以饱满的热情、昂扬的斗志，为中国航天事业奉献着自己的力量。

“三十功名尘与土，八千里路云和月”。在半个多世纪的航天事业发展历程中，朱森元以卓著业绩、实际行动和矢志不渝的决心，展现了一位老航天人无私奉献、百折不挠的精神和热爱祖国、为国争光的坚定信念。

朱森元大事年表

1930 年 10 月 26 日
生于江苏省溧阳县（现为溧阳市）

1937 年 9 月—1942 年 7 月
江苏省溧阳县夏林小学　学生

1942 年 9 月—1945 年 7 月
江苏省溧阳县同济中学　学生

1945 年 9 月—1948 年 7 月
江苏省立苏州中学高中部　学生

1949 年 9 月—1952 年 4 月
南京大学航空系发动机专业　学生　肄业

1950 年 3 月
加入新民主主义青年团

1952 年 4 月—1953 年 8 月
北京俄文专修学校留苏预备部　学生

1952 年 11 月 13 日
加入中国共产党

1953 年 9 月—1957 年 6 月
苏联莫斯科汽车机械工程学院　学生

1957 年 10 月—1960 年 12 月
苏联莫斯科鲍曼高等技术学校研究生院　研究生

1960 年
获副博士学位

1961 年 5 月—1964 年 5 月
国防部第五研究院三部（发动机设计部） 设计员

1962 年 12 月
被授予技术上尉军衔

1964 年 5 月—1968 年 6 月
国防部第五研究院十一所一室　副主任

1968 年 6 月—1969 年 4 月
七机部一院十一所 DF-6 发动机方案设计论证三结合小组　负责人

1969 年 4 月—1970 年 8 月
东北北安军垦农场劳动

1970 年 9 月—1978 年 3 月
十一所氢氧发动机研制室　负责人

1978 年 3 月—1980 年 11 月
十一所十二室　主任

1980 年 11 月—1984 年 11 月
十一所 YF-73 氢氧发动机　副主任设计师

1984 年
被国家人事部授予“中青年有突出贡献专家”

被航天工业部授予“劳动模范”称号

1984 年—1992 年
中国宇航学会　理事

1984 年 11 月—1990 年 12 月
十一所十二室　主任、主任设计师

1985 年
YF-73 氢氧发动机获“国家科学技术进步奖一等奖”

1986 年—1994 年
中国宇航学会运载火箭专业组　常务理事

1987 年—1992 年
国防科工委、国家高技术领域 863-204 专家组　成员

1988 年—1993 年
美国宇航学会　会员

1989 年—2000 年
中国运载火箭技术研究院科技委　常委

1991 年—1998 年
国防科工委“国防科技图书出版基金评审委员会”　评委

1991 年
享受国务院政府特殊津贴

1992 年—1999 年
中国工程热物理学会　常务理事

1993 年—1997 年
国防科工委、国家高技术领域“大型运载火箭和火箭发动机”专家组　组长

1994 年 2 月
被国防科工委授予“国防科技成果奖励证书”

1995 年 10 月

中国科学院　院士

1997 年 5 月

获国防科工委颁发的“航天高技术发展做出突出贡献荣誉证书”.

2001 年 2 月

获国家科学技术部和解放军总装备部授予的“国家 863 计划十五周年先进个人”荣誉称号

现任

中国航天科技集团科技委　顾问

中国运载火箭技术研究院科技委　常委

国家高技术领域专家委员会　咨询专家

北京航空航天大学“国家级计算液体流体力学航空工业总公司实验室”学术委员会　副主任

北京航空航天大学宇航学院　博士生导师

中国航天科技集团公司“低温工程”学会　顾问

国防工业出版社　科学技术顾问

中国航天工程科技发展战略研究院学术委员会　委员

国家科学技术奖励工作办公室国家科学技术奖　评审专家

参考文献

[1] 朱森元.液体火箭发动机及其低温技术[M].北京：国防工业出版社，1995.

[2] 谭永华.征程：航天六院四十年[M].北京：中国宇航出版社，2009.

[3] 中国航天科技集团公司企业文化部.航天人生[M].北京：中国宇航出版社，2005.

[4] 中国航天科技集团公司，中国航天科工集团公司.飞越苍穹——中国航天50年[M].浙江：浙江科学技术出版社，2006.

后 记

《朱森元院士传记》是在北京航天动力研究所领导的亲切关怀、认真部署和亲自指导下完成的。

我们在努力搜集资料的同时，多次采访与研究所历史和朱森元院士生平有关的老同志。不论是炎热的夏天，还是寒冷的冬天，虽然已至耄耋之年，朱院士都能热情接受采访。他思路清晰，娓娓道来，回忆求学的坎坷、工作的艰辛，也回首成功的荣耀。和朱院士的每一次交谈，都使我们年轻一代澄澈思虑，涤荡情怀，备受感染。整个工作过程对我个人而言是一次接受再教育的难忘的经历。

而工作得以完成，则是大家共同努力的结果。北京航天动力研究所具体实施这项工作。李鸿鑫副所长、雷春钢主任和郝京辉主任先后指导并亲自确定传记框架，不辞劳苦出外参加研讨工作。马丽娜和石珊珊两位年轻同志也是传记编写工作重要的参与者，她们负责大量的准备工作，采集相关资料，参加研讨会，并及时提出意见。在传记构想以及准备资料阶段，得到了研究所原党委副书记朱尧铨和周炽久同志的热情鼓励与指导。传记草稿完成后，朱尧铨书记又亲自两度审阅全文，提出宝贵的修改意见，作为一名退休的老同志，对编写工作做出了不可替代的贡献。所以，《朱森元院士传记》是在所领导的正确指导下，在有关同志的共同协作下集体完成的。20世纪90年代初，我曾在十一所（京）工作，忝受秉笔之命，虽诚惶诚恐，但却为参与这样一项工作备感荣幸。

最后，恕我不再一一具名，再次感谢各位接受采访并给予我们热情支持的老领导。

寇克让

2015年10月16日